MW00476551

RAMTHA

EL CEREBRO — EL CREADOR DE LA REALIDAD Y DE UNA VIDA SUBLIME

Cómo abrir la puerta
a la mente subconsciente
y al potencial latente
escondido dentro de nosotros

EL CEREBRO — EL CREADOR DE LA REALIDAD Y DE UNA VIDA SUBLIME

Edición del Titulo Original en Español creado por Jaime Leal Anaya, con permiso de JZ Knight

Derechos exclusivos para la publicación en español:
Hun Nal Ye Publishing, 2015
"Estrella Norte Ram"

El contenido de este libro fue creado directamente en español, basado en las grabaciones de audio de Ramtha Dialogues® originales en ingles de las enseñanzas de Ramtha citadas a continuación, con permiso de JZ Knight y JZK, Inc.:

In Pursuit of a Lofty Thought (CD-9219, Septiembre 22, 1992). Copyright (P) 1992 JZ Knight, *How the Brain Creates Reality* (CD-9227, Diciembre 07, 1992). Copyright (P) 1992 JZ Knight, *Structure and Function of the Brain* (Cinta de Audio 9327.2, Octubre 18, 1993). Copyright (P) 1993 JZ Knight, *The Magical Brain* (Cinta de Audio 351, February 13, 1997). Copyright (P) 1997 JZ Knight.

Para mas información sobre las enseñanzas de Ramtha:
Ramtha's School of Enlightenment
P.O. Box 1210, Yelm, WA, 98597 USA
www.ramtha.com

Diseño del forro por Leonardo Vivi
Pasta Dura e Ilustraciones del interior originales por Nancy Montan, © 2014. Todos los derechos reservados.

ISBN # 978-0988-2983-47

Hun Nal Ye Publishing
Trazando el paso de la Antigua
Sabiduría en nuestra Historia

P.O. Box 15232
Tumwater, Washington 98511, U.S.A.
www.Hun-Nal-Ye.com

"Nuestra prisión y sentencia
es hacer conocido lo desconocido.
Solamente cuando comenzamos a hacerlo
abrimos el cerrojo a la puerta de la prisión
y permitimos que el alma
y el Espíritu emprendan su vuelo."
— Ramtha

PARTE 1
CÓMO EL CEREBRO CREA LA REALIDAD

PARTE 2
CÓMO ABRIR LA PUERTA AL SUBCONSCIENTE PROFUNDO

PARTE 3
SOBRE LAS ALAS DE UN PENSAMIENTO SUBLIME

LISTA DE DIAGRAMAS

MENSAJE IMPORTANTE SOBRE LA TRADUCCIÓN

Este libro esta basado en Ramtha Dialogues, una serie de grabaciones magnetofónicas de discursos y enseñanzas de Ramtha. Ramtha ha elegido a una mujer americana, JZ Knight, como su único canal para entregar su mensaje. El único idioma que usa para comunicar su mensaje es el ingles. Su estilo de oratoria es único y nada común, por lo que a veces se puede malinterpretar como un lenguaje arcaico o extraño. Ramtha ha explicado que su elección de las palabras, su alteración de las palabras, su construcción de frases y orden de los verbos y los nombres, sus descansos y pausas en medio de las frases son todos intencionales, para alcanzar múltiples capas de aceptación e interpretación presentes en una audiencia compuesta por gente de gran diversidad de herencia cultural o clase social.

Para conservar la autenticidad del mensaje dado por Ramtha, hemos traducido este libro lo más cercanamente posible a las palabras originales y así permitir al lector que experimente las enseñanzas como si estuviera presente. Si usted encuentra algunas frases que parecen incorrectas o extrañas de acuerdo a las formas lingüísticas de su idioma, le aconsejamos que lea esa parte de nuevo tratando de captar el significado que hay detrás de las palabras, en lugar de simplemente criticar la construcción literaria. También le aconsejamos comparar y usar como referencia la obra original en ingles publicada por Ramtha Dialogues, para más claridad.

AGRADECIMIENTO

Primero que nada, agradecemos de todo corazón a JZ Knight por hacer posible, a través de su persona y dedicación colosal e incansable, la canalización y enseñanzas de Ramtha el Iluminado, Señor del Viento. Le damos las gracias también a ella por permitirnos crear y traducir esta obra original de enseñanzas de Ramtha que a continuación les presentamos con cariño y orgullo. Agradecemos a nuestro maestro Ramtha por su extraordinario y vasto legado de sabiduría y amor por la humanidad que ha prodigado por más de tres décadas, sin interrupción.

Agradecemos al equipo de apoyo que me ayudó a preparar la obra que tienes en tus manos: Lilia Macías Leal, por su inspiración y apoyo para esta colección de enseñanzas de Ramtha, "Estrella Norte Ram"; Valeria Zimmermann, por su ayuda con la primera revisión de mi traducción; Maria Isabel Cruz Borda, por la corrección final de la traducción; Jaime Leal Anaya, por la creación, edición y traducción de esta obra original, y la publicación y diseño del libro; Leonardo Vivi, por el diseño del forro del libro; Nancy Montan, por las ilustraciones del libro y el forro; un agradecimiento sincero a mis estimados amigos, Dra. Sonia García, Carlos Reyna y Matilde Morata, por sus sugerencias; a Julio Saavedra, por su consejo y apoyo. Sin la ayuda, amistad y apoyo de todos ellos esta obra no estaría hoy en tus manos. ¡Gracias!

"En última instancia, los problemas que preocuparán a los neurobiólogos, serán los mismos que han preocupado a los filósofos a través de los siglos: conocimiento, experiencia, consciencia y mente, todos ellos consecuencia del funcionamiento cerebral y en última instancia, sólo entendibles cuando el cerebro haya sido propiamente comprendido. Es sólo a través de las Neurociencias que los filósofos del futuro pueden tener la esperanza de hacer una contribución significativa a la comprensión de la mente."[1]

— Semir Zeki
Profesor de Neurobiología,
University College, London

"La idea de que el cerebro puede cambiar su propia estructura y funcionamiento a través del pensamiento y la acción es, creo yo, la alteración más importante de nuestra visión del cerebro, desde que por primera vez hicimos un bosquejo de su anatomía elemental y del funcionamiento de su componente fundamental: la neurona."[2]

— Dr. Norman Doidge,
Psiquiatra, Investigador, y Autor,
Facultad de Investigación de la Universidad de
Toronto y la Universidad de Columbia

1 Semir Zeki, *A Vision of the Brain* (Oxford: Blackwell Scientific Publications, 1993).
2 Norman Doidge, *The Brain That Changes Itself* (New York: Penguin Books, 2007).

INTRODUCCIÓN DEL EDITOR

Preludio: La Puerta Escondida

Un pensamiento libre, es la habilidad singular que nos hace humanos, seres vivos, y nos distingue en la naturaleza. Para poder apreciar plenamente el pensamiento y la libertad de expresión, los regalos más preciados que poseemos, nos queda claro que debemos poner nuestro enfoque y atención en el cerebro. La investigación científica de hoy en día nos está dirigiendo hacia una comprensión más profunda de lo que el cerebro es y hace. El surgimiento de nuevas tecnologías ha provisto a los investigadores con una visión renovada de su funcionamiento interno y del vasto potencial inexplorado que nos espera dentro de nosotros. Hoy en día, es posible poner a prueba objetivamente los dogmas que han prevalecido hasta hoy sobre el cerebro, la consciencia, y la mente, y comprobar o refutar sus conceptos para poder avanzar hacia nuevas fronteras y horizontes de conocimiento.

Más allá de la descripción científica de "qué" es el cerebro, nos enfrentamos con el reto de comprender y estudiar "cómo" podemos utilizarlo en la práctica para crear intencionalmente nuevos pensamientos. El estudio de nuevos descubrimientos científicos es sin duda grandioso, pero ¿cuál es su importancia para mí? ¿Cómo puedo utilizar estos conocimientos para crear un pensamiento libre, dinámico, creativo, y diseñar la arquitectura de mi propia mente? ¿Acaso es posible diseñar tu propio universo, crear tu mente y realidad? Según la sabiduría antigua de todos los tiempos, las Escuelas de Misterio, la alquimia de la Gran Obra — y las enseñanzas de Ramtha — éste es un arte preciado que se nutre de aquellas cualidades humanas más básicas: el pensamiento consciente y nuestro inherente libre albedrío. Esta es una habilidad que tenemos que acrecentar, desarrollar, y ejercitar con maestría para tener acceso directo a la fuente de su vasto potencial.

La mente, el pensamiento, la consciencia y el libre albedrío han sido temas que celosamente se han considerado históricamente exclusivos, para los filósofos, psicólogos, y místicos religiosos. Pero ahora, gracias a los descubrimientos recientes de la neurociencia, el lugar primordial para explorar estos misterios arcanos ha cambiado y encontrado un punto de referencia común en la ciencia y se ha convertido en un foro objetivo y un campo abierto para todos.

Los nuevos avances y logros en neurociencia nos permiten ahora dejar atrás gran cantidad de las alegorías simbólicas que han servido para describir a la mente, la razón, y el libre albedrío, al igual que el alma y el espíritu humano. Aquellas alegorías, suposiciones y descripciones, comúnmente vagas y confusas — que incluso en nuestros tiempos actuales han causado gran confusión, ignorancia, superstición y hasta terror — ya no son necesarias y pueden ser relegadas al pasado. Es tiempo de dejar que el descubrimiento científico dirija la discusión y exploración para poder decodificar el conocimiento perenne y continuamente presente de la antigua sabiduría que siempre conoció e hizo manifiesto a su manera el vasto potencial de nuestro cerebro y mente.

En nuestra era presente, el científico y el místico, el médico y el filósofo se pueden ahora reunir en un lugar común para dialogar y explorar en un lenguaje compartido las grandes interrogantes que permanecen frente a nosotros. Parece ser que todos estábamos simplemente hablando de las mismas cosas pero en términos distintos y desde diferentes puntos de vista.

Los nuevos panoramas que se han desplegado frente a nuestros ojos, gracias a la ciencia, nos revelan claramente que lo divino y lo humano no están aislados en dos campos que se excluyen el uno del otro, como se presuponía tradicionalmente. Lo humano y lo divino han encontrado finalmente un punto de convergencia en el cerebro humano. Y así, como consecuencia, encontramos que el místico y el chamán, el filósofo y el maestro — como también el médico y el investigador científico — requieren tener la habilidad de incorporar los descubrimientos científicos en su descripción de los misterios y esplendor del cerebro mismo y las artes necesarias para poder abordar y utilizar este divino arquitecto que existe dentro de nuestra cabeza.

Como Ramtha lo indica en este libro, es necesario exponer los conceptos antiguos de sabiduría en términos claros que sean capaces de coincidir con los modelos científicos modernos, ya que han sido recargados innecesariamente de creencias y tradiciones culturales que los enturbian y confunden. Lo anterior es muy importante para prevenir que surjan nuevamente la superstición y la visión ciega de creencias que han entorpecido la evolución del conocimiento, la exploración científica, y el surgimiento de nuevas ideas.

Existen claros ejemplos innegables de esto históricamente por todo el mundo y en todas las culturas. Podemos reconocer, por ejemplo, el impacto devastador de la superstición y ceguera religiosa si recordamos las sangrientas cruzadas cristianas, las cuales prepararon el camino y engendraron la aterrorizante tortura de la Santa Inquisición que surgió a continuación y persistió por muchos siglos agonizantes. Esto es algo extremadamente distante de poder ser llamado santo, o inclusive, de ser considerado humano, bajo cualquier criterio racional. Somos privilegiados de vivir en estos tiempos futuros en los cuales los derechos básicos de cada ser humano — el derecho a la vida, la igualdad, la libertad de pensamiento y libertad de expresión — son afortunadamente la bandera progresista de las nuevas cruzadas y revoluciones de nuestros tiempos.

Tomando en cuenta estas ideas y principios en mente, en este segundo libro de sabiduría de Ramtha por la editorial Hun Nal Ye Publishing, seleccionamos y tejimos para ustedes una colección de importantes enseñanzas de Ramtha sobre el cerebro y el legendario arte para activar y realizar su gran potencial. Estas enseñanzas son cautivantes y de suma importancia para el iniciado y el estudiante de la Gran Obra.

Como un verdadero maestro de cosas del pasado, del presente, y del futuro, Ramtha dispersa la ambigüedad y complejidad de muchos conceptos esotéricos referentes al cerebro, la consciencia, y la mente. Ramtha devela su significado de manera simple y fácil de entender para cualquiera y ofrece ejercicios para explorarlo y ponerlo en práctica en la vida diaria.

> "El cerebro claramente es el
> elemento más necesario para un Dios,
> ya que sin él no existiría un sueño.
> Sin el cerebro sosteniendo el sueño,

tomando un poco de consciencia para después construirlo, no podríamos evolucionar."

"Cuanto más contemples un pensamiento sublime — un pensamiento sublime filosófico, sin importar qué tan mundano o inaudito sea — tu cerebro está construyendo un modelo, una idea, y la coloca justo en el lóbulo frontal. Cualquier cosa que logre llegar a este preciado lugar se convierte en ley."

"Vamos a describir aquí el proceso de la consciencia, que es necesario antes de proseguir con el estudio de la mente dimensional. Participa y sabrás más que cualquier persona común en la superficie de la tierra sobre cómo funciona el cerebro, cómo operas tú, dónde está almacenada la memoria, y el misterio de la consciencia."

— *Ramtha*

Este libro está dividido en tres partes. La primera parte, titulada "¿Cómo el Cerebro Crea la Realidad?", abre el telón de esta ópera y presenta diversas partes del cerebro y el sistema nervioso que tienen un papel primordial en la creación de la realidad. Ramtha expone cómo esto sucede, de hecho, todo el tiempo y describe con detalle lo que necesitamos hacer para desarrollar el arte de una observación y pensamiento consciente e intencional. Es el primer paso para comenzar a darnos cuenta del poder creativo de nuestro cerebro en acción.

Ramtha esclarece los misterios del conocimiento sobre el cerebro custodiado por los antiguos egipcios y descifra elementos y símbolos clave de esa cultura — Isis, el Ojo de Horus, el recinto de los Dioses y el firmamento, para mencionar algunos de ellos. Sus enseñanzas presentadas en este libro nos ayudan a apreciar la gran profundidad del conocimiento sobre el cerebro de los antiguos egipcios y también a comprender el significado e importancia de las descripciones modernas de la neurociencia sobre los mecanismos y funciones de este órgano vital.

La segunda parte, la parte central del libro, se titula: "Cómo Abrir la Puerta al Subconsciente Profundo". Esta parte es la llave maestra ya que aquí se explican muchos de los misterios arcanos sobre el poder divino que reside dentro de cada ser humano, sin importar el género, la creencia o raza donde provengan. Ramtha nos enseña que esta puerta escondida que nos da acceso a la inteligencia divina y el poder de la creación, los cuales son prerrogativas exclusivas de Dios y la divinidad en muchas culturas y religiones, es en verdad una parte real y función natural del cerebro humano. Ramtha ahonda profundamente en este punto y expone lo que requerimos hacer para abrir esta puerta escondida dentro de nosotros. Él explica que "el verdadero valor de la mente subconsciente es su habilidad de captar la mente universal."

Ramtha comúnmente utiliza una oración o brindis al Dios interior para iniciar una de sus enseñanzas. Es precisamente esta gran fuente de saber y mente, la cual es accesible dentro de nosotros a través del cerebro, a quien invoca con estas plegarias. Ramtha no se dirige con estos brindis a un Dios afuera, en las alturas, o más allá de nosotros, la cual ha sido la visión tradicional de las religiones monoteístas. Él invita al estudiante y al lector a participar en estos brindis y a personalizarlos como una forma de iniciación al conocimiento. Es verdad que solamente descubrimos el valor e impacto pleno de estas enseñanzas cuando utilizamos el conocimiento que imparten y lo exploramos y ponemos en práctica en nuestra vida cotidiana. El estudio y el aprendizaje que producen frutos se logran a través de la iniciación y el conocimiento, a través de la contemplación de nuevos conceptos y al ponerlos a prueba en la experiencia y por nuestra propia mano. Esta es de hecho la metodología y la piedra angular de la Gran Obra y las Escuelas de Antigua Sabiduría.

Ahora también podemos entender, gracias a las enseñanzas de Ramtha en este libro, el significado real de algunas de las declaraciones más importantes de Cristo. El mensaje verdadero de Cristo fue claramente preservado cuando dijo, "El Padre y yo somos uno ... No soy yo el que hace estas obras sino el Padre que vive dentro de mi." Él dijo que su Padre era también nuestro cuando les enseño a sus discípulos a decir el Padre Nuestro en el Sermón de la Montaña, y cuando les insistió que "el reino de los cielos no está ahí o allá ... sino dentro de ustedes." Estas palabras hablan de una verdad oculta dentro de todos nosotros, de un vasto y extraordinario potencial accesible para todos en nuestro cerebro.

La fe ciega en un Dios externo, en las alturas, y más allá del ser humano limitado toma ahora una nueva dirección. Deja de ser fe y es transformada en conocimiento, experiencia, y saber interior sobre el poder y la inteligencia que siempre han sido una parte integral del ser humano. El verdadero tabernáculo de lo divino, el Santo de los Santos dentro de la persona humana es accesible a través del cerebro mismo. La fe en Dios altísimo se convierte en fe en el Dios dentro de nosotros del mensaje original de Cristo y en plena confianza en la capacidad de aprender el arte adecuado para poder beber de esta fuente de conocimiento inagotable.

No es suficiente creer que Dios vive dentro de ti y rendirle culto con fervor religioso. El siguiente paso a seguir, que desafortunadamente está ausente en las religiones, sería aprender cómo poner esta convicción en práctica, cómo utilizarla realmente, y cómo tener acceso a esta fuente magnífica en nuestra vida personal. Este arte es precisamente el estudio y ejercicio de la Gran Obra, del cual estas enseñanzas son una parte integral avanzada, una progresión y continuación de las enseñanzas de Ramtha que les presentamos en el primer libro que publicamos de la colección Estrella Norte Ram, *Los Gladiadores de la Mente del Futuro.*

En este segundo libro Ramtha desarrolla con maestría el concepto de conquistarse a uno mismo y cortarle la cabeza al dragón, conceptos que introdujo en el libro de *Gladiadores de la Mente*. La conquista del iniciado se convierte ahora en elevar a la cabeza la legendaria energía kundalini enrollada en la base de la espina dorsal — la energía latente y sin brida del dragón — para lograr abrir esa puerta escondida de la mente subconsciente y poder activar esas regiones dormidas del cerebro designadas para potenciales extraordinarios y la iluminación.

Aquellas mujeres y hombres santos quienes encontraron la llave de esta puerta escurridiza, y entraron, fueron la mayor parte del tiempo brutalmente perseguidos, abusados, y hasta asesinados por haberlo hecho a lo largo de nuestra historia. La necesidad inquisitoria de juzgar y tener la razón a toda costa sobre los demás, de querer controlar y forzarlos a estar de acuerdo con nosotros, nos impide, a final de cuentas, explorar nuevos pensamientos y experiencias en la vida. Esta condición humana que alimentó a la Inquisición en el pasado continúa en marcha todavía dentro de cada individuo en el tiempo presente. No es solamente un síntoma o evento del pasado.

El reto frente a cada uno de nosotros, individualmente, permanece siendo el mismo. Consiste en conquistar al dragón por excelencia: nuestros juicios personales, nuestra incredulidad, dudar de nosotros mismos, y las actitudes y hábitos de nuestra personalidad humana que no nos permiten crecer y evolucionar hacia posibilidades más grandiosas que las que ya hemos experimentado. Ramtha explica cómo esta red de limitación y control — la red neuronal que nos mantiene prisioneros por nuestra propia voluntad — también reside neurológicamente en una parte y función específica del cerebro. Ramtha insiste, precisamente, en la gran importancia que tiene el lograr tener acceso a la mente subconsciente para reprogramarla y evolucionarla:

> "Tu imagen es el controlador de lo magnífico. Lo que causa el despertar es cuando de alguna forma herimos

> a la imagen a tal grado que la mente subconsciente hace que fluya hacia adelante todo aquello que se le presenta."
>
> — *Ramtha*

Finalmente, la tercera parte del libro, "Sobre las Alas de un Pensamiento Sublime", es una invitación inspiradora para luchar por una mente grandiosa, que a su vez produce una vida magnífica naturalmente. Este es el conocimiento que los Maestros legendarios y personajes de renombre en nuestra historia lograron descubrir y conocer en carne propia.

Vivimos en una era de iluminación, cuando inclusive la ciencia ha confirmado el enorme potencial encerrado dentro de cada ser humano. Los misterios arcanos de los antiguos son ahora cada vez más accesibles para todos, a plena luz y sin velos. Las ideas originales que inspiraron a los grandes humanistas del Renacimiento de los siglos XV y XVI están resurgiendo de nuevo en nuestros tiempos. Grandes personajes de esa era como Erasmo, Luis de León, Juan de la Cruz, y las obras maestras de Rafael, Leonardo da Vinci y Miguel

Ángel — por mencionar algunos de los más celebrados hoy en día — reconocieron el valor perenne, belleza encantadora, e inteligencia ingeniosa de nuestra humanidad. Con la ayuda de la neurociencia y los hallazgos de cómo funciona el cerebro, las ideas antiguas del Renacimiento pueden ahora avanzar un paso más allá y reconocer que lo que en realidad nos distingue y hace humanos es lo que a la vez nos hace verdaderamente divinos:

Somos los creadores de nuestra realidad y destino por virtud de aquel pensamiento aparentemente silencioso y secreto en nuestra cabeza — un pensamiento libre que es capaz de capturar y crear una vida elevada y sublime.

Jaime Leal Anaya
Rainier, Washington, Primavera del 2013

PARTE 1
CÓMO EL CEREBRO CREA LA REALIDAD

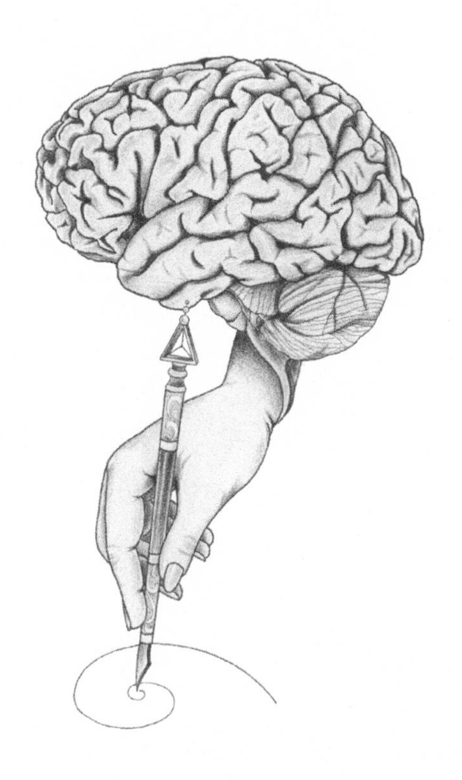

PARTE 1
CÓMO EL CEREBRO CREA LA REALIDAD

1. El Órgano más Grandioso Que Tú Posees — El Cerebro

"El cerebro claramente es el elemento más necesario para un Dios, ya que sin él no existiría un sueño. Sin el cerebro sosteniendo el sueño, tomando un poco de consciencia para después construirlo, no podríamos evolucionar."

— Ramtha

Himno de un Despertar

O mi amado Dios,
El misterioso,
aquello que tú eres
lo celebro y elogio
desde el Señor Dios
de mi ser.
Todo aquello que yo estudie,
manifiéstalo rápidamente
para que lo aprenda,
experimente,
y crezca.

Aquello que yo percibo
es muy poco.
Tengo la pasión
y el deseo
de despertar en mi vida
a lo que es real
y saber la verdad.
Mi amado Dios,
yo deseo humildemente
vivir mi vida por largo tiempo
de manera que pueda descubrir,
y vivir,
mi destino designado.
Por lo tanto este día
yo deseo que tú
me abras el cerebro,
me permitas saber,
y me des la gracia de poder hacer esto.
Esto yo lo deseo
desde el Señor Dios
de mi ser.
Dios, bendice mi vida.
Que así sea.
Por la vida.

Un Radiotransmisor de Ondas

"Tu cerebro es más grandioso que cualquier transmisor de radio que jamás haya sido creado. De manera que mientras andas de aquí para allá, estás bañado de ondas de radio que siempre están bombardeando a tu cerebro. El reportaje de noticias siempre se está transmitiendo dentro de tu cabeza. El cerebro lo escucha, pero tus oídos no."

— Ramtha

El órgano más importante que posees en tu cuerpo es el cerebro. El segundo órgano más importante es el cerebro reptiliano. El tercer órgano más importante de tu cuerpo es el corazón. El cerebro es un radiotransmisor, un receptor de microondas — Hertz, infrarrojas. Fue diseñado para poder captar ondas de frecuencia, información que se extiende hasta el Infinito Desconocido.

No es coherente que los Dioses que crearon todos los planos de vida no creasen para sí mismos un cuerpo capaz de recibirlo todo. Dioses tan grandiosos, capaces de darle impulso a formas de gas, nebulosas y otras formas menores en el espacio — y concebir al espacio, ese Vacío eterno, como un pensamiento — nunca hubiesen creado un cuerpo, sin importar cuan pequeño sea, que no tuviera la habilidad o percepción de captar todo lo que han creado. El cerebro humano tiene la capacidad de captar cada uno de los campos de energía hasta el Infinito Desconocido. Como resultado de ello, los Dioses desarrollaron reinos y estados de conciencia que coexisten con cada uno de esos campos de energía.[3]

Los seres humanos comunes ya están vibrando en el nivel hertziano, y esa frecuencia es la que más captan. Su cerebro opera químicamente con su cuerpo. La electricidad que genera su cuerpo, y que es una forma de comunicación, realmente está en la esfera más baja del hertziano. El cuerpo está en sincronía con el propio campo magnético de la Tierra. El cuerpo vibra eléctricamente al mismo ritmo que la Tierra, lo cual tiene sentido lógico.

El cerebro no sólo tiene la capacidad de comunicarse con el cuerpo humano sino con la

3 Ver el diagrama de Ramtha, "Los Siete Niveles de Consciencia y Energía."

naturaleza misma. Ya se ha alineado a sí mismo con la misma frecuencia. El cerebro puede captar la forma más baja del hertziano, pero la parte que tiene más impacto en tu vida está en el cerebro medio que capta el infrarrojo.

Los poetas e historiadores de antaño han proclamado a este reino, el infrarrojo, como si uno mirase oscuramente a través de un vidrio. El infrarrojo es el reino del vidrio oscuro, el reino velado. Lo que quieren expresar cuando dicen que mirar el mundo del más allá, el mundo psíquico, es como mirar a través de un vidrio opaco, un filtro oscuro, es porque ahí el color es más tenue. De hecho, el efecto de la luz y la sombra están invertidas en el infrarrojo. Es el reino del negativo.

Si utilizas una cámara y tomas una fotografía de una cosa específica — quizás sea tu rostro — si observamos tu cara, la luz que llega en ángulos rectos en este plano retrata tu rostro en luz y sombra. Los planos de tu cara refractan el color de la luz, de manera que las cuencas de tus ojos son más oscuras que, por ejemplo, el puente de tu nariz o el plano de las mejillas. Si te fotografiáramos en luz natural, lo que le da belleza y definición a tu rostro son sus planos, su profundidad, y el matiz de la luz y las sombras.

Para producir la fotografía tenemos que hacer un negativo. El negativo es el infrarrojo, lo opuesto. Donde los ojos aparecerían sombreados, de color más oscuro, en el negativo serán muy blancos. El plano de la nariz que normalmente hubiera sido muy claro, refractando la luz, será muy oscuro en el negativo. Está invertido. Percibimos al infrarrojo como un vasto negativo en el cual el plano de la luz visible fotografió a la materia y produjo su negativo, su opuesto. Es por esto que miramos oscuramente a través de este reino.

Lo importante de este reino es que tú, la Tierra, y todas las cosas vivas están bañadas en esta frecuencia. La frecuencia infrarroja tiene una banda baja y una banda alta, lo cual significa que tus ondas de radiofrecuencia que viajan alrededor de la Tierra contienen mensajes codificados. Es interesante que una onda de radio viajando a través del aire no está anunciando un comercial o un reportaje de noticias. Sin embargo, si cuentas con el radiotransmisor adecuado y te sintonizas con ella, el mecanismo del radio podrá convertir y transmitir la frecuencia en forma de voz audible que estará de hecho anunciando un comercial y un reportaje de noticias.

¿Por qué no podemos escuchar el anuncio comercial y el reportaje de noticias en el aire? ¿Por qué no los podemos ver? Ellos existen pero en el reino oscuro y son captados por un receptor. Tu cerebro es más grandioso que cualquier transmisor de radio que jamás haya sido creado. De manera que mientras vas de aquí para allá, estás bañado de ondas de radio que siempre están bombardeando a tu cerebro. El reportaje de noticias siempre se está transmitiendo dentro de tu cabeza. El cerebro lo escucha, pero tus oídos no.

Si es una onda de banda baja, estás captando lo que llamamos ruido infrarrojo. El cerebro capta ruido — señales, datos, información — pero tú no escuchas el ruido. La interferencia es un ruido sináptico que ocurre dentro del cerebro mientras éste recibe la información e intenta decodificarla. Al decodificar la información se produce un ruido. Esto permite que tengas ruido de fondo, pensamientos de fondo que claramente no son tuyos pero los estás captando.

El reino infrarrojo en su banda baja también posee entidades que han muerto y están atrapadas en el entorno de la Tierra. Ellas son amantes del cuerpo, amantes de los hábitos. Cuando fallecen, en lugar de seguir adelante, se aferran al apego a sus madres, la necesidad de fumar o de beber. Están viviendo en un hábito. No quieren darse cuenta de que están muertas de manera que se apegan tenazmente a este plano y continúan viviendo en cierto nivel como si estuvieran vivas aquí todavía.

Esto es un desarrollo desafortunado en su evolución. Es el resultado directo del entrenamiento inadecuado de los seres humanos. Es el resultado directo de no contar con entrenamiento espiritual ya que no saben donde están. Creen que están vivas todavía y quieren continuar viviendo sus vidas, mientras los vapores de sus cuerpos se están disolviendo en la tumba. Ese vapor produce los fantasmas que son tan comúnmente asociados con ellas.

Tu cerebro también capta su ruido de fondo porque ellas viven ahora en un cuerpo llamado el cuerpo infrarrojo. No te pueden gritar. Se acercan a ti y te hablan directamente al oído. Tú no los oyes, pero tu cerebro los escucha. Tu cerebro lo interpreta como ruido infrarrojo. Esto puede hacerte sentir un escalofrío en tu cuerpo. Es viable que se acerquen a ti, se apeguen a ti, y te influencien a través de la mente subconsciente. Sucede todos los días de tu vida.

Tu cerebro puede captar desde la banda baja del infrarrojo hasta el extremo más alto, justo debajo de la luz visible. Una parte más evolucionada del cerebro capta la luz visible también. Tiene que hacerlo ya que el cuerpo mismo es un producto coagulado de luz. El cuerpo físico interactúa con su cuerpo de luz y el cuerpo de luz produce impresiones en el cerebro.

¿De dónde recibe el cerebro la información para estabilizar el cuerpo? ¿De dónde obtiene la información para mantener la presión sanguínea en un estado normal, para continuar el movimiento cardiovascular, la digestión? ¿Cómo es capaz de mantener funcionando todas las facultades de tu cuerpo, de las cuales ni siquiera estás consciente?

Tú podrías decir, "Bueno, adquiere esa información del código de su ADN." ¿Pero de dónde lo recibió? ¿Quién hizo el patrón y lo continua haciendo, y quién determina el funcionamiento preciso del cuerpo como un reloj? Es el cuerpo de luz quien lo hace. Recuerda, al ascender por la escalera de la evolución, el cuerpo de luz se construye a partir de la descomposición de los electrums inferiores que constituyen a los fotones. Los fotones constituyen un cambio de corriente eléctrica, por lo que el cuerpo de un nivel inferior no puede existir sin el cuerpo de uno superior. Lo que suponemos que es una descomposición en este nivel, es en realidad solamente una evolución.

Tu cuerpo y la información codificada en tu ADN, modelada por el cuerpo de luz, no podría funcionar sin la luz y el impulso eléctrico dentro del cuerpo. No importa qué tan inteligente creas que eres, tu cuerpo no sería capaz de mantenerse unificado. Tendrías que permanecer despierto toda la noche concentrándote en el palpitar de tu corazón, concentrándote en oxigenar tu sangre. Tendrías que quedarte despierto toda la noche pensando en aquellas áreas de tu cuerpo que necesitan repararse urgentemente. De cualquier manera no serías capaz de repararlas ya que no podrías soñar el sueño para repararlas y al mismo tiempo mantener tu atención para que también siga palpitando tu corazón.

El cerebro es capaz de captar la frecuencia de la luz visible porque está compuesto de luz visible. Es un instrumento etéreo que opera a partir del principio de la luz y consecuentemente lo ejecuta eléctrica y químicamente.

Vayamos un nivel más arriba en el espectro, al ultravioleta. Está comprobado que los rayos ultravioletas le hacen daño a los tejidos humanos. Está comprobado que los rayos X y los rayos gamma también le hacen daño. Si tú tienes la capacidad de captar estas ondas con tu cerebro, ¿por qué no le hacen daño al cerebro? El cerebro capta todas esas frecuencias y tiene la habilidad latente dentro de si para decodificar esa información. El cerebro es capaz de captar ondas ultravioletas que están codificadas, las puede interpretar, y puede modificar el cuerpo completamente a partir de ello. No solamente es capaz de hacer eso sino también lo puede hacer con los rayos X y los rayos gamma, pero si no estás consciente, ambas frecuencias son directamente dañinas para el cuerpo humano.

Dentro de este cerebro y alrededor de él tienes el infrarrojo, la luz visible, el ultravioleta, y todos los demás cuerpos. Cada uno de estos niveles del espectro electromagnético cuenta con un cuerpo, un cascarón constituido exclusivamente de esa frecuencia. De la misma manera que la amplitud de onda de la frecuencia de tu cuerpo físico es de ocho hercios, tú también tienes cuerpos dentro de este mismo que están constituidos de la naturaleza de su realidad y que coinciden con su plano de frecuencia. Todo está en capas, plegado, y contenido dentro de ti.

El cerebro es capaz de subir hasta el nivel más alto del espectro y procesar información que está completamente fuera de rango, más allá de la comprensión científica y humana. Este cerebro lo puede hacer ya que fue creado por Dioses que podrían utilizarlo para percibir la totalidad de lo que son, todo el camino de regreso hasta el Punto Cero.

LOS SIETE NIVELES DE CONSCIENCIA Y ENERGÍA

El Camino a la Iluminación y los Secretos de la Estrella del Iniciado

"Comenzamos proporcionando al cerebro con conocimiento y dándonos cuenta de nuestros impedimentos, nuestro letargo, nuestro lento aprendizaje y falta de concentración. Nos damos cuenta de esas cosas y luego nos adueñamos de ellas para llegar a ser más grandiosos con el fin de acrecentar nuestro conocimiento."

— Ramtha

¿Cuándo se convierte un maestro en maestro? Ellos comienzan a iluminarse en los primeros tres sellos y se convierten en un maestro cuando suben más allá de la luz visible. Tienen que conquistar la habilidad de manifestar el cuerpo azul ultravioleta trabajando con este cerebro, traer ese cuerpo a la vida, y utilizarlo para hacer hazañas extraordinarias. Sólo tienes que ir al nivel azul ultravioleta para resucitar a los muertos y sanar a los enfermos, pero mira todo lo que queda aún más allá de ese nivel en mi diagrama. Los adeptos — aquellas entidades que viven diez mil años, treinta y cinco mil años, cuatrocientos mil años — viven en un cuerpo eléctrico que opera a este cuerpo físico. Esa es la función de los rayos X, y ellos pueden mantener ese campo de energía en este cuerpo. Ellos piensan en base a esos términos todos los días de su vida y nunca morirán porque su cuerpo existe en una frecuencia de onda corta, más corta que las microondas. Su cuerpo existe en una frecuencia de onda corta que no se curva con el tiempo. Es una frecuencia corta, recta, y su cuerpo no envejece y nunca muere.

Un Cristo es alguien quien ha muerto y resucitado su cuerpo, por lo que tiene que tener una consciencia más allá del azul ultravioleta y tener la habilidad de utilizarla en este plano físico. Mas aún, un Cristo es alguien que es capaz de decir, "Mi Padre y yo somos uno. Yo no provengo de este reino. Yo vengo de otro reino." Esta es una entidad que está procesando en su cerebro humano esa frecuencia denominada el Infinito Desconocido. Ellos son los señores del universo, los señores de la materia, los señores de la luna y el sol, los señores del Vacío. Los Cristos son las entidades por excelencia, el ápice de la humanidad, y no muchos logran llegar ahí.

Estudia, si lo deseas, la estrella del iniciado por un momento.

La Estrella del Iniciado

El triángulo rojo — nota cómo su vértice apunta hacia abajo — representa la involución y descenso del ser humano. Un vértice apuntando hacia abajo significa que el punto de enfoque está en la energía sexual, la cópula, en el éxito y el fracaso, y todas aquellas cosas que están conectadas con los primeros tres sellos. Tú comienzas ahí, en los primeros tres sellos, pero cuando terminas te conviertes en la estrella azul, la triada azul. Está apuntando hacia arriba, o sea hacia el Infinito Desconocido, y concluye en una punta singular. El vértice es el Infinito Desconocido. Esto es un Cristo.

En muy pocas ocasiones los iniciados son capaces de llevar puesto el emblema de la estrella del iniciado. La mayoría de ellos solamente llevan puesto el triángulo rojo apuntando hacia abajo porque reconocen que son su humanidad. Aquellos que logran llevar puesto el triángulo azul apuntando hacia arriba son estudiantes de la Gran Obra en la escuela. Solamente aquellos que logran unificarlos son los que han llegado a esa cumbre y a esa punta.

¿Cómo lograron hacer eso? Lo hicieron con un cuerpo humano que tenía un cerebro humano igual al tuyo. Este cerebro en su capacidad como receptor capta no solamente los reportajes de noticias, sino también el movimiento del Vacío. Tiene la capacidad de verter toda esta información hacia adentro y también es un transmisor. Tiene que ser un transmisor ya que opera en uno de los niveles de frecuencia, los cuales también se consideran niveles de consciencia. Esa consciencia impresa sobre este cerebro hace que éste empiece a crear nuevos diseños arquitectónicos, nuevos modelos de pensamiento, y a sostenerlos. Es algo simple de hacer para los que aprenden a manifestar, pero lo arduo es dedicarle tiempo a la contemplación y a pensar.

Lo importante de esto es que si tienes un pensamiento sublime — un pensamiento elevado, un pensamiento azul ultravioleta — lo sostienes, y piensas en ese pensamiento, entonces tu cerebro ha recibido conscientemente una pequeña cantidad de información muy elevada. El cerebro a su vez trabaja para construir esa información de la misma manera en que lo hace un arquitecto y se esmera en utilizar materiales con los cuales puede construir una choza o un castillo. Los toma y construye un castillo con los materiales, y la contemplación es el proceso de construcción mismo. El cerebro crea un modelo con la información y después lo envía de regreso a través de las bandas.[4] El cerebro lo construye y lo envía hasta llegar al Punto Cero con el propósito singular de crear un castillo, magnetizarlo, y lograr hacer algo de la nada, literalmente, para que lo experimente el soñador. Sin el cerebro no podrías hacer ninguna de estas cosas y tampoco se te consideraría un ser vivo en este plano.

---

4 Ver "Las Bandas" en el Glosario.

El cerebro tiene la capacidad de recibir desde la cantidad más minúscula de información hasta la más elevada, ¿pero cómo podemos llegar desde la menor a una más elevada? Comenzamos proporcionando al cerebro con conocimiento y dándonos cuenta de nuestros impedimentos, letargo, lento aprendizaje, y falta de concentración. Nos damos cuenta de esas cosas y luego nos adueñamos de ellas para llegar a ser más grandiosos con el fin de acrecentar nuestro conocimiento. Entre más conocimiento le damos al cerebro, contamos con más materiales en forma de pequeños fragmentos de información que podemos recordar. Utilizamos esa cantera para extraer pensamientos de ella y pegarlos junto con otros en contemplación. Esto genera una nueva forma de pensar que es cautivadora y crea para nosotros una nueva vida y una nueva experiencia.

El cerebro claramente es el instrumento más importante para un Dios, ya que sin él no existiría un sueño. Sin el cerebro sosteniendo el sueño, y tomando un poco de consciencia para después construirlo, no podríamos evolucionar. ¿Cómo es que cumplimos el mandato de hacer conocido lo desconocido? Podríamos regresar a un cuerpo cuyo tiempo es relativamente diferente, el cual no está preocupado por la digestión o la indigestión, y que puede operar en ese nivel, pero en este cuerpo estamos atrapados en una prisión. Nuestra prisión y sentencia es hacer conocido lo desconocido. Solamente cuando comenzamos a hacerlo abrimos el cerrojo a la puerta de la prisión y permitimos que el alma y el Espíritu emprendan su vuelo.

2. Anatomía Arcana del Cerebro, de un Pensamiento y de la Conciencia

"Tú y tu consciencia mente/cuerpo son ignorantes comparadas con el conocimiento tan vasto que posee esa otra entidad en ti, tu Dios. Él es quien está detrás del velo y te observa. Es el que observa todos tus pensamientos porque está justo ahí cuando todo sucede. Conoce todos tus pensamientos porque percibe al cerebro mientras concibe sus modelos."

— Ramtha

Ahora, por lo menos, ya tienes una comprensión filosófica del cerebro como receptor y de lo que está recibiendo. El pensamiento, lo debes saber, es algo contagioso. Estudiemos un poco sobre esto.

Este dibujo del cerebro no es exacto de acuerdo al cerebro que tienes dentro de tu cabeza. Exageramos algunas glándulas y disminuimos otras, y las proporciones no son correctas. Hemos cortado y abierto la cabeza por la mitad para examinarla desde un punto de vista transversal. Al hacerlo, podrás notar que la amígdala y el hipotálamo van a ser un poco más exagerados. No tienen esta apariencia dentro de tu cerebro. La pequeña pituitaria no tiene este aspecto tampoco. Hemos creado este diagrama para poder estudiarlo y hemos realzado ciertas áreas con el propósito de entenderlas.

Diagrama de Ramtha del Cerebro

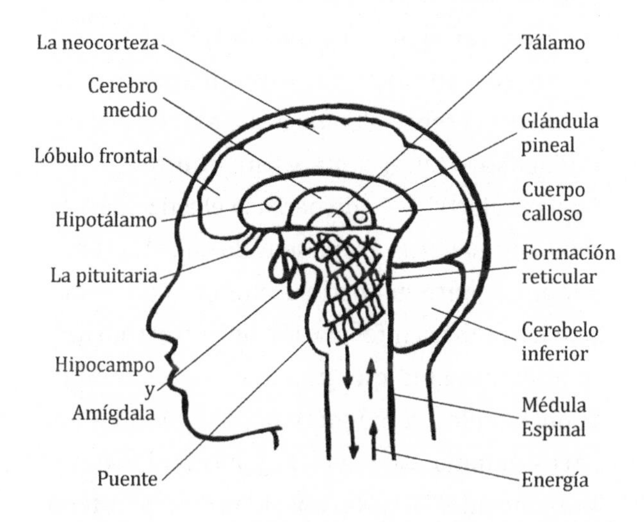

La neocorteza cerebral tiene un color rosado grisáceo. El cerebro reptiliano es un protagonista un poco diferente al lóbulo frontal o los hemisferios cerebrales superiores. El cerebro está compuesto de agua en su mayor parte, por lo que es casi un organismo etéreo. No cuenta con un esqueleto. No tiene huesos excepto en algunos lugares, particularmente alrededor de aquello que se denomina la pituitaria. El cráneo es el responsable de mantenerlo unido. El cerebro tiene áreas gruesas, densas, y correosas, pero las partes más etéricas son muy acuosas.

He aquí algo para que lo recuerdes sin tener que analizar esto químicamente. El tejido del cerebro, debido a que es muy acuoso y viscoso — y el agua es un conductor de energía eléctrica — dispersa la electricidad de diversas maneras. Tiene sentido que el cerebro sea un agente acuoso ya que no solamente puede captar la información del infrarrojo que lo alimenta sino que puede recorrer todo el espectro electromagnético, incluyendo a los rayos gamma, los rayos X, y hasta el Infinito Desconocido. Tiene la capacidad de captar toda clase de información.

Si abriéramos el cráneo y permitiéramos que el cerebro se derramase, éste se esparciría por un área muy grande. Es un organismo muy indefenso, pero sin él, el cuerpo, los huesos, y todas las partes de tu cuerpo no podrían operar y ser un organismo vivo. Apreciamos y amamos a este órgano. Nunca tomes drogas que te dan un subidón porque el subidón que te da la marihuana, por ejemplo, es de hecho la destrucción de células cerebrales. La muerte es una experiencia liberadora, y el subidón es la muerte del cerebro. Poco a poco, con el transcurso del tiempo, lo matas. Si lo haces, tus días están contados. No serás capaz de crear un realismo fantástico porque te dañaste a ti mismo a través de ese proceso. El cerebro es un organismo continuo y, recuerda, está formado químicamente. Depende de una enorme cantidad de oxígeno para mantenerse íntegro. Si ese oxígeno esta difuso y mezclado con químicos o estimulantes, el cerebro empieza a fallar. Comienzas entonces a crear la realidad en una manera muy distorsionada, donde empiezas a tener alucinaciones e imágenes de murciélagos azules y elefantes amarillos y partes de la anatomía del cuerpo conectadas a partes diversas. Tú crees que estás viendo cosas reales pero lo que estás viendo es un cerebro que realmente está agonizando.

Descifrando el Conocimiento del Antiguo Egipto sobre el Cerebro

"Los senos de Isis son términos mucho más atractivos que la amígdala y el hipocampo, y por supuesto la médula espinal es el camino de la serpiente. Si alguna vez escuchas o lees eso en cualquier texto, esto es lo que significa."

— Ramtha

Vamos a describir aquí el proceso de la consciencia, que es necesario antes de proseguir con el estudio de la mente dimensional. Participa y sabrás más que cualquier persona común en la superficie de la tierra sobre cómo funciona el cerebro, cómo operas tú, dónde está almacenada la memoria, y el misterio de la consciencia. Quiero que veas mi diagrama del cerebro y encuentres por ti mismo donde haz albergado toda tu incredulidad, tus creencias, y tu aceptación. Ubica a tu personalidad en el diagrama. ¿Dónde se encuentra el concepto del sueño? Quiero que estudies el dibujo. Entre más lo estudies y lo contemples, las realidades que te sucederán serán más profundas porque estás enfocado en esto.

Quiero que le prestes atención a tu cerebro por un momento. A ver si puedes sentir su parte central. ¿Sientes un cosquilleo ahí? Me estas escuchando con algo que está dentro de tu cabeza que no siente dolor. Parece que esta vacía pero algo existe ahí.

Uno de los nombres para el cerebro suena como hipopótamo, pero tenemos un nombre mejor para el hipocampo. Nosotros le llamamos los senos de Isis. Hay todo un estudio sagrado y lenguaje en relación al cerebro que tú consideras términos esotéricos, pero no tenías ni la menor idea de que son simplemente nombres para las mismas cosas que ahora identificas con nombres ridículos como hipopótamo. Los senos de Isis son términos mucho más atractivos que la amígdala y el hipocampo, y por supuesto la médula espinal es el camino de la serpiente. Si alguna vez escuchas o lees eso en cualquier texto, esto es lo que significa. El camino de la serpiente o la ruta de la redención es lo que se llama la médula espinal, que llega hasta el tallo cerebral. El Escudo de Horus — si rebanaras el cerebro transversalmente a la altura superior del tallo cerebral — se le llamaba un escudo porque es el cerebro reptiliano y a su vez el trono de la mente subconsciente. Se envuelve alrededor del tallo cerebral y abarca toda la parte inferior del cerebro. En mi diagrama aislamos al cerebelo inferior con el propósito de poder identificarlo. En esta sección tenemos al cerebro reptiliano, el asiento del subconsciente, y el Escudo de Horus.

En el cerebro medio se encuentra el sexto sello. Siempre ha sido llamado un sello debido a que la inducción primaria de su glándula es secretar las hormonas de información capaces de abrir ciertos orificios. La energía tiene que subir y bombardear este sello en particular para que esa misma energía pueda llegar al séptimo sello, a la pituitaria. Al séptimo sello se le llama también la corona de Cristo. Cuando le pusieron la corona de espinas a Cristo en la cabeza, él tuvo que permitir que le pusieran esas espinas en su cabeza porque las espinas hacen que la cabeza sangre, lo cual fue una profunda iniciación que simbolizaba abrir el séptimo sello. La corona de Cristo o punzar la cabeza con espinas era para abrir y desangrar el séptimo sello.

Si desangras al séptimo sello, quiere decir que has vencido a la imagen, y las puertas de la consciencia que están protegidas por los senos de Isis se abren de par en par. A toda la información que pasa por la mente subconsciente o a través de las bandas se le permite pasar y llegar a esta área llamada el puente — el cuerpo calloso — la consciencia puente que una vez fue llamada el monte de Horus. Podrás leer también acerca del monte de Horus en algún texto antiguo o quizás lo verás representado en simbolismo. Podrás ver simbólicamente a Horus posando o descansando sobre una montaña, lo cual representa el puente en el cerebro.

Las cortezas cerebrales en la parte superior de tu cerebro eran llamadas el cielo. Este era el firmamento donde el barco de Isis flota y navega. Es el saber interior. Los hemisferios derecho e izquierdo del cerebro están divididos a la mitad. Esto fue hecho genéticamente. El puente conecta y une a ambos hemisferios superiores. Toda la información que entra a los hemisferios derecho e izquierdo del cerebro y al lóbulo frontal pasa a través de este puente o monte de Horus. Este puente es un diminuto y complejo sistema intricado de fibras nerviosas o líneas de comunicación. Las fibras en un extremo del cerebro se comunican con el otro lado del cerebro, sin embargo a ambos lados, el izquierdo y el derecho, así como al frontal, sólo se les permiten ciertas porciones de la comunicación que viene del sistema inferior o el cerebro reptiliano.

La parte superior de tu cerebro es la explosión en la evolución del cerebro que ha crecido tan rápidamente desde los primeros días de los Neandertales en los que el rostro del ser humano sobresalía sobre un lugar protuberante que estaba conectado al rostro. Los sentidos estaban ensanchados. Tenía ojos grandes — y un cráneo sobresaliente para proteger los ojos — nariz grande, fosas nasales y boca muy grandes, y una quijada poderosa para romper y moler, particularmente, material óseo.

Esa cara alguna vez ocupó sólo las partes medias y bajas del cerebro y no tenia el área superior de la neocorteza. Ese es un desarrollo reciente. Esta es la era de la iluminación, y este nuevo cerebro es la mente consciente, donde el ser humano comienza a explorar su ser iluminado. Este nuevo cerebro está regulado intensamente por el cerebro inferior. Los hemisferios derecho e izquierdo es donde tus ojos, tus oídos, tu nariz, y la mayoría de tus sentidos están conectados.

Pon tus manos sobre tu rostro. Todo lo que tiene que ver con tu cara es importante para ti. Pon tus manos en tus ojos. Lo único que consideras importante sobre tus ojos es su color, pero conforme creces en sabiduría, lo más importante será si puedes ver a través de ellos o no. ¿A quien le importa si tienes ojos bonitos? El hecho de que cuentes con ellos es suficiente.

Ahora toca tu nariz. ¿Que piensas de esto? Una protuberancia hermosa y maravillosa. Quiero que vayas hasta el lugar donde tu nariz empieza entre tus ojos. ¿Ves que tan estrechamente están conectados? Están conectados directamente al cerebro. Y tu boca, saca la lengua. Mira lo más profundo que puedas dentro de tu boca, lo más profundo. ¿Sientes esas glándulas en la parte de atrás? Todo eso está conectado al cerebro también. Busquemos el siguiente par de agujeros en tu cabeza, tus oídos. Mete tus dedos lo más adentro que puedas. Aquí dentro tenemos este hermoso organismo, el cerebro. Todo lo que necesitas para determinar la realidad lo tienes justo ahí. Pon tus manos alrededor de él. ¿No crees que el diseño es conveniente? Tú crees que lo que es bello acerca de una persona es su cara, pero lo que es bello no es el color de sus ojos sino lo que están viendo. ¿Acaso no es eso lo que es hermoso?

Ahora comienzas a darte cuenta que el Dios que te creó organizó todo esto muy, muy bien. No se cometió error alguno. Si estudias al cerebro, comprendemos que esta nueva corteza, de alguna manera, es la región más preciosa. La parte frontal es responsable de producir una realidad cognitiva para el hombre y la mujer divinos. Esa es la razón por la que un día podrás colocar una grandiosa y hermosa piedra sobre tu frente y comprenderás por primera vez el significado de llevar puesta tal gema, por qué es una joya tan importante, y por qué brilla. Todo lo que pongas detrás de esa piedra es más hermoso, más virginal que cualesquiera otra cosa que pudieras soñar jamás, ya que sólo lo más excelso ocupa este espacio frontal.

El Cerebro Es Quien Ve, No los Ojos

"Una de las razones por las que los grandes pueblos de tierras lejanas fueron destruidos fue porque cuando los conquistadores navegaron en sus galeones y los anclaron en la bahía, estos pueblos de la antigüedad sólo vieron el agua cuando miraron en esa dirección."

— Ramtha

Cuando el cerebro crea la realidad, la parte frontal del cerebro recibe permiso de la parte baja del cerebro para interpretar a los sentidos — tus sentidos. Tus ojos son un lente, una abertura que se abre y cierra. La pantalla esta en la parte trasera del ojo y la imagen aparece invertida. ¿Quién es el que está recibiendo la imagen y el que la interpreta? Cuando el cerebro recibe una proyección en la pantalla, la busca y la compara con toda la información que tiene disponible en su memoria. Los hemisferios derecho e izquierdo intercambian información entre ellos para determinar un resultado que coincida con lo que se está observando en la parte de atrás de la retina.

Toda tu memoria está almacenada en tu neocorteza. El ojo ve muchísimas cosas, incluyéndome a mí. Cuando estas en mi presencia, tú me estas mirando directamente a mí. Todos ustedes lo están haciendo. Están mirando justo a donde mis manos solían estar. Todos ustedes están mirando exactamente donde yo estoy. Tus ojos me han estado viendo todos estos años, sin embargo el cerebro sólo puede interpretar aquello que puede interpretar con la información que tiene. Si ve un objeto específico peculiar, del cual no tiene información alguna, entonces observaría si ese objeto cuenta con cuarenta y dos caras, si todas ellas están iluminadas con un color que existe entre el azul ultravioleta y el rosado, y si todas las caras están iluminadas o son transparentes. El ojo comenzaría a determinar si le es posible ver la imagen completa. El cerebro únicamente determinaría y le llamaría al objeto una piedra preciosa debido a que solamente es capaz de percibir puntos y la luz que reflejan esos puntos. El cerebro se esfuerza y lucha para elaborar una interpretación de lo que esta viendo con el conocimiento que tiene. El cerebro siempre se esfuerza para identificar lo que el ojo le presenta.

Una de las razones por las que los grandes pueblos de tierras lejanas fueron destruidos fue porque cuando los conquistadores navegaron en sus galeones y los anclaron en la bahía, estos pueblos de la antigüedad sólo vieron el agua cuando miraron en esa dirección. Nunca habían visto un barco con mástiles, así que no eran capaces de verlo. Ellos solamente vieron el agua y lo que parecían ser pedazos de madera flotando sobre la superficie. Nunca vieron a los conquistadores.

Las partes frontal y superior de tu cerebro son unas de las áreas que carecen de exploración y uso completo. Esta parte del cerebro está limitada a almacenar la memoria, y la memoria está ahí para correlacionar e identificar el entorno. Huele, inhala y ahora huele profundamente, mira, escucha, pon todos tus sentidos en acción al mismo tiempo. Mira, huele, escucha — mira, huele, escucha — eso significa que estás identificando todo lo que está en el salón. Estás consciente de toda la gente.

Estás consciente del olor húmedo del polvo de azafrán y cuerpos sudorosos. Estás escuchando un sonido ahogado y distante, un sonido melodioso algunas veces, y haz determinado que estás en mi audiencia. Todo esto dentro de ti te ha permitido comprender todo lo que existe ahí afuera.

El camino de la serpiente esta absorbiendo toda esta información y la lleva a través del sistema nervioso central en forma de impulsos. Fluye por el sistema nervioso central en forma de impulsos y pasa por todos los sellos. Estos a su vez la esparcen y distribuyen y todas las células del cuerpo se hacen conscientes del entorno. Tú puedes sentir la molestia más insignificante en tu dedo pequeño del pie, y si tu dedo está incomodo, lo vas a saber arriba en tu cerebro porque éste mantiene a todo el organismo bajo control. Todo lo que no está correcto sube y le notifica al cerebro lo que es. Tú al mismo tiempo te quitas la sandalia, lavas tu pie, examinas el dedo pequeño, y el cerebro sabe exactamente donde está localizado. Comienzas a darle masaje a tu dedo pequeño y te das cuenta que tienes una astilla encajada porque el cerebro puede percibirla y sentir el dolor.

Éste cerebro es el que está haciendo el trabajo, utilizando los sentidos y toda la información que recorre el cuerpo. Si éste órgano es la región más valiosa que posees, no es una sorpresa que tenga un juez que impida transmitir cierta información a la mente consciente. Recuerda, la consciencia impresa en el cerebro es lo que produce la mente. La consciencia y la mente son iguales, sin embargo son ideales diferentes.

En el cerebro nuevo es donde contamos con tu personalidad. Tú puedes identificar a una persona a partir de lo que le gusta y no le gusta. Todo se juzga como bueno o malo. Cuando miras alrededor del salón es común que lo juzgues. Si miras a tu vecino, lo juzgas. Lo miras y el momento en que te vuelves hacia él y se ven el uno al otro, estás calculando todo lo que estás viendo, y todo esto está sucediendo en esta nueva área del cerebro, la neocorteza.

Si ésta es la región de la mente consciente, entonces te puedo decir que la consciencia mente/cuerpo existe en ésta región del cerebro. La razón por la que existe ahí es porque la consciencia mente/cuerpo está interesada primordialmente en la supervivencia. ¿Y qué es lo que tiene que sobrevivir en el mundo? ¿Acaso tiene que sobrevivir la consciencia o es el cuerpo el que lo tiene que hacer? Todo está regido para la supervivencia. Todo está ahí para mantener vivo al organismo. Todos los días no piensas más que pensamientos de supervivencia. Esos pensamientos significan que tú sabes exactamente cuándo tienes hambre, cuando estas satisfecho, cuando estas congestionado. Tú sabes cuando tienes que ir al baño y cuando necesitas comer de nuevo. Tienes que mantener al cuerpo sintiéndose bien. Es por eso que tienes hábitos. Los hábitos no son diseñados conscientemente. Son mecanismos de supervivencia para el cuerpo.

Una persona que es consciencia mente/ cuerpo siempre está pensando en sentirse bien. Quiere verse bien, oler bien, que todo le sepa bien, y sentirse bien. Sentirse bien es el estímulo más poderoso en el cuerpo físico. Sentirse bien denota energía. Los centros más poderosos para esto son el primero y segundo sellos que están localizados abajo, en la base de la columna. El sentirse bien y la procreación son la misma cosa. Estos se realizan sin necesitar permiso de la parte posterior del cerebro. Esta entidad de consciencia mente/cuerpo está interesada únicamente en cómo se siente físicamente, sexualmente, si está comiendo las cosas adecuadas. Esta entidad sólo está interesada en rodearse a sí misma de cosas bellas, que todo huela bien, y que no tenga mal aliento. No tengo que repasar contigo lo que haces cada día, pero todos los días en la vida normal de un ser humano son para tener una carrera profesional. Sin embargo el ímpetu de esa profesión es para que sobreviva el cuerpo y ser glorificado en cierta forma.

Mira lo que está sucediendo. Este lugar llamado "el cielo" ha sido ocupado por una mente más pequeña. ¿Cuál es tu enfoque cada día? La supervivencia. Depende de qué día sea, es cierto: Normalmente, las noches del sábado son diferentes a las mañanas del lunes. Cualquier cosa que ocupe este cerebro en un estado consciente será exactamente de lo que se trata tu vida.

Hagamos una pausa aquí por un momento. Si eres sensual, entonces serás sensual. Prácticamente las rejillas de todos son iguales en cuanto a esto, aunque existen fluctuaciones diferentes en ellas. Algunas entidades prefieren ciertas cosas, a otras les gustan otras cosas, pero todo se basa en sus preferencias. No necesitas ser una persona extraordinariamente inteligente para simplemente sobrevivir siendo esa personalidad alojada arriba en tu neocorteza.

En el lóbulo frontal es donde tenemos el trono de Dios. ¿Y qué es lo que hace el trono de Dios en una persona de consciencia mente/cuerpo? Está enfocándose en qué tan bien se ve. El mismo lugar, ese mismo trono que está ocupado con la importancia de tener buena apariencia es capaz de crear la majestad de la quinta dimensión. Lo único que tiene que hacer es colocarla justo ahí. El lóbulo frontal abarca ambos lados, el derecho y el izquierdo. Es ambos lados. Cuando algo no te gusta o no crees en algo, no ocupa ese trono y se lleva a cabo en la parte de atrás. Está almacenado en la memoria, no en la parte delantera. ¿Qué sucede si deseas algo y realmente lo quieres y crees en esto? "Creo en lo que estoy haciendo" ó "No creo en eso. No es importante." ¿Entonces dónde está localizado en el cerebro?

Si repasaras tu lista y te preguntaras esto — ¿qué es importante en mi vida, qué es lo que yo creo y lo que no creo? — comenzarías a comprender porqué el concepto de Dios y lo divino no ocupan tu lóbulo frontal. No ocupa el cerebro nuevo ya que no es importante y no crees en ello. No es tan importante. Si tienes una relación de pareja y esa relación ocupa tu lóbulo frontal, ¿dónde estaría la comida? ¿Dónde estaría el sueño? ¿Dónde estaría la felicidad? ¿Sería apropiado para nosotros decir que tú estabas enfocado en tu relación? ¿Qué pasaría si tu relación fuera muy mala? ¿Dónde estaría la alegría personal, el respeto propio, el amor a ti mismo? ¿Te das cuenta que tan voluble eres? Si tuvieras una relación y estuvieras enamorado y tu corazón flotara hasta el techo, ¿qué es lo que ocuparía la delantera en tu enfoque? ¿Dónde estaría el gozo? ¿Dónde se encontraría el ser indefenso? ¿Dónde estaría el sentirse bien, el poder hacerlo, y la autoestima? ¿Dónde estaría el verse bien, sentirse bien y ver todo color de rosa?

¿Qué piensas de eso? Qué pasa si tu corazón está ardiente y yo entro por la puerta trasera y digo, "Enfócate en el Dios interior," ¿qué le sucedería a mi voz? Si tu corazón está en llamas y tus mejillas radiantes y te encuentras complacido en un remanso color de rosa y te digo, "Maestro, tienes que tomar todo tu enfoque y volverlo hacia adentro y dirigirte hacia aquél lugar donde nada existe," ¿dónde terminaría mi enseñanza entonces? ¿Qué sucede si inesperadamente te dan una patada y te echan de tu cama y otro ocupa tu lugar? ¿Qué pasa si vienes aquí a rastras por los suelos y tus ojos tienen ojeras oscuras y profundas como una fosa? ¿Qué tal si tu vienes aquí hecho garras o jirones y te digo, "Maestro, ¿sabes que eres tú quien crea tu propia realidad?" ¿A dónde crees que se va esa declaración iluminadora? ¿Cuántos de ustedes no quieren que jamás les diga eso cuando se sienten así?

Cuando te digo que la vida es una ilusión y te miro y me río de ti por sentirte malhumorado, ¿sabes por qué me estoy riendo? He aquí al pobre y pequeño ser humano cuyo corazón puede ser cautivado por una criatura encantadora y hechicera que lo puede rechazar en cualquier momento y a plena luz del día. He aquí a una criatura pequeña que es propensa a la emoción sensual. ¿Y qué es la emoción sensual? Es una cascada de hormonas químicas en el cuerpo. He aquí a una pequeña entidad que ha obtenido algunas cosas para poder hacer su vida lo suficientemente placentera, ha adquirido un poco de conocimiento para salir adelante en la vida y verse bien el sábado por la noche. Tenemos aquí a una pequeña entidad que tiene algunas pocas cosas a su favor. Probablemente sus ojos son de un ámbar profundo, sus labios son voluptuosos y sensuales, y su nariz aguileña — o tal vez es más bien como la de un halcón — y tiene mucho cabello o tal vez no tiene nada de pelo. Tenemos aquí a una entidad que no está consciente realmente de que existen otras cosas en su vida. Cuando mira hacia afuera una mañana cubierta de escarcha, no se da cuenta de que está mirando a través de capas delgadas de otras dimensiones. No sabe que está mirando a otras formas de vida y que de hecho está viendo el amanecer en una tierra lejana y mística cuando mira por su ventana, porque no está acostumbrada a ver lo que el cerebro ve todos los días.

Lo mismo sucede cuando vienes a mi escuela o estás en mi audiencia. Por muchas razones muy profundas y sabias, y mi ingenioso diseño, escogí presentarme en la forma de una mujer sencilla que amaba a Dios, y que no estaba contaminada con conceptos de la Nueva Era, conceptos espiritualistas, astrológicos, numerológicos, o hechiceros, y que solamente tenía conceptos simples.

Escogí a una mujer sencilla que fue preparada a través de muchas vidas para este trabajo, de manera que se volviera cada vez más y más simple. Escogí a una mujer porque Dios no es un hombre. Dios se manifiesta como un hombre pero Dios también se manifiesta como una mujer. Los senos de Isis representan las puertas a una consciencia fantástica. Se les llama los senos de Isis ya que eso proviene del regazo de Isis, el regazo de Dios. Este nombre es distinto también en otras culturas y otras lenguas. Pero Dios es masculino y femenino y ninguno de los dos, y los adeptos más grandes de la antigüedad no eran ni lo uno ni lo otro tampoco. No eran ni masculinos ni femeninos y no tenían un atractivo sexual para nada. Ellos simplemente estaban plenos en sí mismos, expresando todo lo que provenía desde su interior, emergiendo en forma de un realismo fantástico.

¿Será posible que estés en medio de un campo que gira con conceptos que irradian y aparecen y desaparecen, y que percibas como sombras en tu visión periférica, un movimiento que cuando te volteas a verlo de frente no lo puedes ver? ¿Y por qué no lo logras ver? Está justo ahí. Era una sombra. Todas las cosas que existen y tienen forma proyectan una sombra que puedes ver de reojo, pero cuando te volteas a verla no la puedes ver. Esto es debido a que el cerebelo inferior ha editado la información que el ojo ve y lo que puede interpretar. Las sombras que ves en tu visión periférica son otros seres con los que cohabitas o que están desplazándose dentro de tu marco dimensional de existencia. Quizás sólo están de paso por ahí una sola vez. Tú no los puedes ver. El cerebro los ve pero tú no.

Si este cerebro estuviera lo suficiente desarrollado, comenzarías a entender más porqué viniste aquí. Ahora no me veo como si midiera más de dos metros de estatura. Estoy en un cuerpo que tú ves y puedes aceptar. La humanidad de este cuerpo y la entonación de las palabras pertenecen a un vocabulario que ya está registrado y que yo estoy utilizando. Es aceptable para ti, desde el más sencillo de ustedes hasta el más inteligente. Me amas por mi atractivo, pero lo que realmente soy es lo que no puedes ver.

Viniste aquí porque tu imagen era lo suficientemente débil. Nunca hubieras permanecido en mi escuela si tuvieras una imagen muy fuerte. Tu imagen hubiera mirado a este cuerpo y socavado continuamente su brillantez, su sabiduría eterna, su genio. Lo menospreciaría todo porque confinaría las enseñanzas a una simple mujer. Sin embargo exaltemos a la sencilla mujer porque la mujer alberga a un Dios. La mujer que tú eres es la residencia de un Dios, aunque eres miserablemente pobre en Espíritu, pobre en consciencia. Las mujeres podrían ser las eruditas más brillantes de la tierra que siempre pelean y dicen, "Pero enséñame las pruebas." Dios mío, el siguiente aliento que tomes debería ser la prueba de que existe un gran misterio en cuanto a lo que eres.

Si tu cerebro está cargado de conceptos teóricos va a refutar todo lo que sus sentidos no puedan determinar. Recuerda, un individuo altamente distinguido ha coronado sus sentidos con conocimientos filosóficos y teóricos, y eso es el laurel más elevado de su éxito. Ellos nunca podrían aceptar quien yo soy — nunca. Estás aquí porque eres lo suficientemente débil en tu imagen y tal vez eres de mente sencilla. Quizás no seas complejo o susceptible a la adulación y eres lo suficientemente común para convertirte en un maestro del Señor Dios de tu ser. Y eso es lo que vas a necesitar para que te conviertas en un maestro. Vas a entender que debido a que éste centro del cerebro inferior es débil va a permitir que un concepto grandioso de la consciencia y conocimiento ocupe la parte delantera de tu cerebro. Tú no lo sabes todo todavía. Si ya lo supieras, no se te podría enseñar cosa alguna.

Tú eres como un niño adulto. Estas contaminado y tienes tus propios bloqueos. Pero debido a tu deseo por aprender, si ese deseo y esa voluntad permanecen al frente ante todo en tu consciencia, vamos a erosionar lentamente esta puerta. Cuando esa puerta esté erosionada vamos a inundar, poco a poco, la corteza frontal de tu cerebro con imágenes magníficas. Vamos a empezar con imágenes sutiles primero. Cuando hagamos eso, te voy a enseñar que lo que ocupa este espacio frontal de tu cerebro es primordial en tu vida. Si te podemos liberar del hábito de ser tan consciencia mente/cuerpo por una tarde o por un día dedicado al enfoque sincero — y colocas algo primordial en la parte frontal de tu cerebro — voy a tomar un concepto fantástico, tú te enfocas en él, y yo te enseñaré como se crea la realidad. Esto ya ha ocurrido en mi escuela por lapsos breves y brillantes. Lo que has hecho en las disciplinas — en la visión remota, el enfoque, el laberinto — ha sido la práctica de este arte con algo distinto a la comida y el sexo, el tabaco y la bebida, aprendiendo a colocar un concepto sublime en ese lugar.

La Neocorteza y el Lóbulo Frontal, la Corona y el Trono de la Reina y del Rey

"El lóbulo frontal — el cielo, el trono dorado — es la parte más importante del cerebro porque cualquier cosa que llega a este punto se convierte en ley."
— Ramtha

A la parte superior de tu cerebro le llamamos la corona. Todos los grandes iniciados comprenden la importancia de la grandiosa joya que se posa en el centro de la frente. No está ahí para adornar el rostro. Está ahí para reconocer el poder que tiene el cerebro para producir una consciencia Crística. Cuando coronamos a un rey, a una reina, colocamos una corona dorada de joyas sobre su cabeza. Si coronamos a un atleta o a un personaje de la paz, coronamos su cabeza con una guirnalda de laureles. Este cerebro es el centro más importante, la corona, y toda la realeza reconoce la importancia de este órgano.

En mi dibujo del cerebro lo cortamos a la altura de los hombros. Las flechas de energía recorren todo el trayecto hacia abajo por la espina dorsal y se conectan hacia arriba con el sistema nervioso simpático y el central. Ambos sistemas nerviosos están conectados con todos los grupos de células del cuerpo. Todas las células se comunican entre sí a través del sistema nervioso central y llevan toda su información hasta arriba al cerebro para que sea evaluada. El cerebro envía toda su información de regreso hacia abajo a través de la misma autopista y se comunica con los mismos grupos de células. Eso es lo que significan las flechas en movimiento en el diagrama.

La parte superior, el cerebro nuevo, es una invención reciente. Ayudó a establecer a Homo erectus como Cro-Magnon de una vez por todas.

Antes que el Cro-Magnon, en los tiempos del Homo erectus, teníamos un cerebro de aspecto muy diferente. La parte media del cerebro estaba empujada hacia arriba contra el cráneo o, más bien, el cráneo estaba encima de él. No teníamos ninguna porción del cerebro nuevo, solamente la parte media. Si vas a un museo y miras el artefacto de un cráneo antiguo, verás a un homínido que tiene una frente sobresaliente muy grande y ojos hundidos muy cerca del cerebro. Veras una nariz corta muy grande, pasajes de aire que entran, y una boca y quijada muy grandes, pero un cerebro muy pequeño.

Cuando tuvimos un pequeño encuentro con una civilización muy avanzada que vino aquí y se cruzó y procreó con las criaturas primitivas, ellos les legaron una aceleración en evolución. Les dieron el cerebro nuevo pero sin la habilidad de utilizarlo. El Cro-Magnon fue dotado con una masa cerebral mayor, la masa de la neocorteza, pero sin el conocimiento de cómo usarlo. De hecho, el cerebro fue dividido en un hemisferio izquierdo y uno derecho, conectados por un entronque grueso llamado el cuerpo calloso. Este le proporcionó al cerebro izquierdo la habilidad de comunicarse con el cerebro derecho, sin darles un efecto de unidad. Esa división fue creada intencionalmente por los Dioses que se mezclaron y copularon con los hombres y mujeres primitivos y su progenie para mantenerlos mudos en su inteligencia e incapaces de sublevarse contra ellos, aunque eran hermosos físicamente.

En los tiempos antiguos le habríamos llamado a esta división en el cerebro una casa dividida en contra de sí misma. ¿Cuantos de ustedes han tenido problemas entre su intelecto y su corazón, como ustedes lo expresan? Existen grupos de expertos en el mundo cuyo trabajo principal es reunirse e idear maneras efectivas para mantener a la gente en un estado de conflicto psicológicamente entre ellos mismos.

La parte nueva del cerebro es lo que te dio esta cabeza grande y una bonita frente. Te dio esta hermosa curvatura y le dio una proporción más grande a tu rostro. Permitió que algunas de tus características disminuyeran y no fueran tan dominantes. Ya que teníamos un cerebro más grande, y le podíamos poner mas cabello, esto se convirtió en una característica mucho más atractiva, aunque hoy en día la mayoría aún no lo utiliza. Este nuevo cerebro solamente es utilizado por la mayoría para mantener su cabello y darle proporción a su cara.

La neocorteza se extiende desde el lóbulo frontal hasta un poco más abajo de la coronilla de la cabeza. No te voy a enseñar todo acerca del cerebro pero vas a aprender lo suficiente para entender cómo creas la realidad. Toma tus dedos pulgares y ponlos justo donde tu nariz está hendida debajo de tus cejas y pon tus otros dedos justo debajo de donde nace tu cabello. Esta área, el lóbulo frontal, es llamada "el cielo." La ciencia le llama la región silenciosa porque no saben lo que se lleva a cabo ahí. Esta área es un lugar mágico porque aquí es donde el cerebro construye todos sus modelos.

En otras palabras, cuando tú te concentras y te enfocas y el momento llega para recordar aquello en lo que te estás enfocando, ¿cómo lo puedes recordar? ¿Cuál es la anatomía de ese recuerdo? Tú podrías decir que la imagen de tu intención de enfoque te vino a la cabeza. Pero el lugar donde ves la imagen, donde la sientes, es justo aquí en tu lóbulo frontal.

El cerebro tiene un taller que esta construyendo químicamente tu intención de enfoque, y cuando lo hace, el modelo aparece justo aquí en el lóbulo frontal. Tu habilidad de sostener esa información ahí por un periodo de tiempo con voluntad es lo que permite que se lance al cerebro medio y le permite comenzar a modelarlo basado en él y hace girar las bandas analógicamente.

Hay más. El lóbulo frontal — el cielo, el trono dorado — es la parte más importante del cerebro porque cualquier cosa que llega a este punto se convierte en ley. Cualquier cosa que mantienes en tu mente, posado justo ahí, se convierte en tu vida, sea bueno o malo, éxito o fracaso, felicidad o infelicidad. Lo que sea que llegue ahí, triunfa.

Quiero que dibujes una estrella azul en tu lóbulo frontal, justo arriba del puente de tu nariz, en medio de tus cejas, pero un poco más arriba de ellas. Rellena la estrella de color azul. Esto es un tatuaje temporalmente.

Como nota aparte, la estrella azul, la estrella del iniciado, son símbolos de grandes compañías de petróleo. Tenemos la estrella roja, el triángulo rojo, el chevrón, y la concha. Todos estos son símbolos alquímicos que antedatan al cristianismo por quince mil años. ¿Por qué esas compañías han utilizado esos nombres y estos símbolos? Porque cada uno de ustedes tiene la información y lo que representan almacenada en su cerebro reptiliano. La estrella roja es el ser humano, el hombre carnal. El cheurón es el símbolo que separa el cielo y la tierra, el Espíritu y la materia. Era el símbolo de la separación, un símbolo interesante para el petróleo. La concha era un símbolo alquímico importante porque era el cascarón que deja atrás un organismo. Representa al Espíritu que deja al cuerpo. Cuando el Espíritu abandona al cuerpo, cuando dejas el cuerpo, es simplemente un cascarón. Todos estos símbolos representan y reconocen que existe un Espíritu en la materia y que cuando el Espíritu parte, la materia se desintegra.

Estos tres símbolos fueron entregados a ciertas compañías porque algunas personas en ellas tienen conexiones muy poderosas. Ellos escogieron un símbolo que todo ser humano nacido hoy — aún cuando son niños pequeños y no han aprendido como comportarse como seres humanos todavía — todos reconocen estos símbolos de poder espiritual en su mente subconsciente. Si tú nombras a tu compañía con uno de estos símbolos y lo miras, podrías pensar que no es nada. Podrías pensar que es un comercial o un emblema, pero tu subconsciente reconoce su poderoso significado.

Ahora tenemos una estrella azul aquí en tu frente. Tu subconsciente reconoce eso como el poder del cuerpo azul, el emblema del ser humano en su cuerpo espiritual.

El Cerebro Reptiliano, el Cerebro Medio, y las Glándulas Pineal y Pituitaria

"En la antigüedad, la glándula pineal era el medio a través del cual el Homo erectus y hasta el Cro-Magnon se comunicaban entre sí. No tenían el arte del lenguaje como lo conoces actualmente. Ellos, en su lugar, tenían el arte del pensamiento."

— Ramtha

La neocorteza está dividida en dos, el hemisferio izquierdo y el derecho que están separados por un puente que llamamos la consciencia puente. Debajo de la corteza nueva tenemos al cuerpo calloso, la pituitaria, la glándula pineal, y el guardián, el tálamo. Si abrieras el cerebro reptiliano que sujeta y envuelve al tallo cerebral, podrías ver que esa parte del tallo cerebral es como una membrana. Parece una red o rejilla y se llama la formación reticular. En este diagrama, hemos abierto el cerebro por la mitad y lo estamos viendo por adentro bidimensionalmente. El cerebro reptiliano abarca la parte superior del tallo cerebral como si tu mano estuviera apretando la muñeca de tu otra mano con el puño cerrado. Tiene un fuerte control sobre la información que va del cerebro al cuerpo y del cuerpo al cerebro.

Es importante para ti que aprendas el lugar donde están localizados el sexto y séptimo sellos. Todos los sellos en el cuerpo, desde el primero hasta el séptimo, son centros energéticos que están localizados cerca o directamente en la zona de glándulas cuya función es secretar hormonas. Las hormonas son mensajes — mensajes codificados — huevos, si tu quieres, que tienen información en la yema dentro de ellos. Esas hormonas trabajan con un efecto de cadena entre sí. Para activar el sexto sello se requiere la hormona del séptimo sello, y para activar el séptimo sello se requiere energía en el sexto sello.

La pituitaria es la glándula maestra. Ésta

glándula es responsable de la actividad y el flujo de la glándula pineal. La glándula pineal a su vez es responsable de la glándula tiroides localizada en el cuello. La glándula tiroides es directamente responsable del timo, localizado en el pecho, el cual se está encogiendo actualmente. Esta glándula a su vez es responsable de todos los centros que están localizados en el abdomen.

El tercer centro tiene un efecto muy amplio sobre glándulas en la parte superior e inferior de los intestinos y en las glándulas para la procreación, las glándulas responsables de crear espermatozoides, el semen en el escroto, y óvulos. Toda esa energía yace en la parte inferior del abdomen. La parte más débil entre el séptimo sello y el primero es el cuarto, porque el cuarto sello está muriendo, se está encogiendo. Simplemente el hecho de que no tengas mucha información al respecto en la ciencia hoy en día no significa que no sea importante. Este sello puede romper la conexión entre el séptimo sello y el primero.

Podrías trabajar en mover energía durante muchos días, pero tal vez te des cuenta de que lo más lejos que puedes llegar es al tercer sello. Va a ser obvio para ti por el dolor en tu espalda o porque te dolerá la espalda a la altura del tercer sello o porque te estreñirás. Es muy difícil mover energía del tercer al cuarto sello debido a que el cuarto está inactivo y atrofiado. En lugar de evolucionar, está en descenso, en involución. Cuando finalmente logres mover energía ahí vas a comenzar a activar ese centro, y solamente así harás que cobre vida.

Las religiones de antaño y los místicos creían que el alma residía en el sexto centro. Ellos dedujeron esto porque el sexto sello, la pineal, es la región psíquica del cerebro. Es la región psíquica ya que opera directamente con el infrarrojo, la luz visible, y el azul ultravioleta. Cuando te pongo a trabajar en enviar y recibir, enfocándote en la cara de tu compañero y sosteniéndola en tu lóbulo frontal, no estás sacando información de la facultad para la memoria de tu cerebro. Estás aprendiendo a distinguir entre la facultad de la memoria y la habilidad de la glándula pineal. Cuando hiciste correctamente la disciplina de enviar y recibir directamente con tu compañero, simplemente enfocándote en su rostro en tu lóbulo frontal, fue el centro de la glándula pineal el que recibió un comunicado de tus bandas porque tus bandas se conectaron con tu compañero. Fue ese centro el que produjo las imágenes y las captó de tu banda infrarroja y la de tu compañero. Este centro tiene su propio control y conexión con el lóbulo frontal, que le permite concebir un modelo, una imagen, y colocarla justo en el lóbulo frontal.

En la antigüedad, la glándula pineal era el medio a través del cual el Homo erectus y hasta el Cro-Magnon se comunicaban entre sí. No tenían el arte del lenguaje como lo conoces actualmente. Ellos, en su lugar, tenían el arte del pensamiento. Una tribu se podía comunicar de esta manera con sus mensajeros o con otra parte de su tribu o inclusive con otra tribu distinta alrededor del mundo. Lo único que necesitaban era tener una pluma de ave, o la cuenta de un collar, o un hueso, y una memoria. Ellos aprendieron a hacer eso. Este centro era la glándula primordial que facilitaba el poder enviar y recibir la comunicación a través del pensamiento.

¿Cómo te conectarías con ellos para comunicarte? Te enfocarías en ellos. ¿Cómo los conecta eso entre sí? Recuerda, todos estamos conectados en el Todo. Podremos ser pequeños tornados que brotan del Vacío, un efecto de embudo de tu energía que nos planta aquí y nos mantiene unificados, pero a fin de cuentas estamos impregnados del Vacío. El espacio entre el cascarón, el núcleo del átomo y los electrones en movimiento es el Vacío. El espacio donde se forma la nube de electrones alrededor del núcleo del átomo es el Vacío. Si el Vacío existe en la distancia que existe entre la órbita exterior de los electrones y el núcleo de un átomo — ¿entonces cuántos átomos se necesitan para formar una molécula? — ¿qué tanto del Vacío existe en una molécula? Existe mucho más Vacío en una molécula que lo que hay de molécula.

Nos conectamos en un momento, sin importar qué tan lejos estemos. Tu compañero podría estar en el centro del sol, y yo te podría decir que te enfoques en él en el centro del sol. Va a empezar a recibir información inmediatamente porque tú y tu compañero están conectados con el Todo en el todo. Tus bandas se pueden mover desde aquí hasta el centro del sol, hasta el universo vigésimo primero, hasta el centro del duodécimo planeta en órbita alrededor de un sol azul y encontrar a alguien específico en ese planeta. Tu cerebro puede hacer todo esto.

La gente de la antigüedad no se comunicaba con lenguaje o balbuceos sino con imágenes y saber interior, con telepatía. El cerebro nuevo suprimió esta habilidad al empujar el cerebro medio hacia abajo. Sin embargo, todavía estas aprendiendo a comunicarte hoy en día utilizando esta área. Entre más desarrolles esta facultad, más grande será tu saber interior para transcender incluso el tiempo porque esta pequeña parte del cerebro es el receptor del Todo por excelencia.

Cuando empezamos a bombear energía de la serpiente en la base de tu médula espinal hacia arriba, desenrollándola, y comienza a danzar al moverse hacia arriba por la espina, tiene que pasar por un guardián, una puerta. Esta entidad en la parte trasera de tu cabeza — el cerebelo inferior — es el controlador maestro, el jefe supremo. Esta es la entidad que tiene toda la información acerca de ti, todo lo que siempre quisiste saber de ti mismo, cualquier posibilidad y probabilidad acerca de ti. En su interior está contenido todo el conocimiento del alma. Sabe todo lo que ha existido en la historia y lo que alguna vez pudo haber sido en la historia en cualquier periodo de tiempo hacia atrás o hacia adelante. Todo esto está en la parte subconsciente de tu cerebro. Nosotros le llamamos el cerebelo inferior.

Le va a costar mucho trabajo a la energía pasar por este laberinto porque ahí es donde el controlador maestro toma en consideración si estás listo o no para ello. Tu interpretarías eso en términos de si te lo mereces o no. Veamos, ¿te lo mereces? El controlador le da un vistazo a tu vida y sabe lo que has hecho con ella. Conoce tu verdadero yo y no va a permitir que sucedan ciertas cosas en tu vida porque es misericordioso y estricto a la vez. Es misericordioso porque sabe que no podrías soportar ciertas cosas si sucedieran en tu vida. No eres lo suficientemente maduro y por lo tanto prohíbe que pase cierta información. Dejará pasar otras cosas y te pone a prueba. Si eres persistente, persistente, persistente, con fe inquebrantable y sin desfallecer, entonces un día dirá, "Que así sea," y permitirá que pase la información.

Podrías irte a la cama esta noche, hacer el amor, y concebir una célula singular. Y esa célula única — ya sea masculina o femenina, no importa — se formaría y convertiría en un bebé. Si das a luz a ese niño, cuando tenga doce meses de vida y su Espíritu tome posesión de él y decida quedarse con el cuerpo, ese niño contará con esa profunda y antigua parte de su cerebro que es diez millones y medio de años de antigüedad. El cerebelo inferior es el mismo cerebro que tuvieron los primeros seres humanos. Es genéticamente constante.

¿Por qué has de tener un cerebro clonado de los primeros humanos? Debido a que toda tu historia de evolución está contenida y plegada ahí. Eso no está presente en el cerebro nuevo; está en el cerebro antiguo. Toda esa información tiene que ver con la historia de la humanidad. La contiene toda. Aún cuando tú tienes sexo y derramas tu semilla y creas un nuevo ser, ese ser también tendrá el cerebro antiguo. Lo tiene que tener para que el alma, que ha sido el viajero, y el Espíritu, la consciencia que se pone la vestidura, pueda mantener y manejar su información en todas las encarnaciones. Es la caja negra en la aeronave, y esta parte de tu cerebro está localizada sobre la base de tu cráneo.

El Cerebro Antiguo, el Guardián de la Puerta, y el Despertar de la Serpiente Kundalini

"Cuando se despierta el dragón, arroja fuego y humo y comienza a moverse, y todo empieza a temblar cuando sale. Está respondiendo al llamado, y el dragón pisotea todo en su camino y chamusca la tierra dejándola inerte y sin vegetación. Eso es lo que significa subir la energía kundalini."

— Ramtha

El cerebro antiguo es el gobernador supremo de tu cerebro y a fin de cuentas de tu mente también. Éste permite que la energía suba si de acuerdo a sus cálculos ve que hay sinceridad en la dirección de tu vida. Permite que suba la energía e inflame el cerebro si ve que va a beneficiar a su programa y a lo que vino a lograr en esta vida.

Si, por otra parte, reconoce que vas a elegir potenciales en tu vida que no favorecen que esto suceda entonces no va a permitir que suba la energía a la cabeza. La bloqueará y moverá en círculos por el laberinto de la formación reticular y no permitirá que vaya más lejos de ahí. La razón por la que lo hace es porque tal vez en seis meses ya no estés interesado en la Gran Obra. Quizás tu fe sea muy pequeña, tu conocimiento muy limitado, o te entregues a un nuevo amor que no crea en nada de esto. Y ya que estás dedicado a éste y lo amas, como crees hacerlo, te olvidarás de todo esto. Él sabe eso de ti y es por eso que no te permitirá saber ciertas cosas. Ni siquiera va a permitir que te sucedan ciertas cosas porque sabe que te seleccionó por una razón específica y está esperando que se lleve a cabo, esperando que suceda esa experiencia. Si te observa y sabe que en este momento de tu vida no lo utilizarás, va a prohibir que ocurra el conocimiento sagrado. Como puedes ver, tenemos integrado a un editor. El editor evalúa todo lo que está por venir en tu vida que tú has creado.

Pensemos entonces que estás inspirado, enamorado, te sientes bien, y éste dice, "Que así sea." Entonces permite que suba y pase la energía. Abre la puerta a través del guardián, el tálamo. Es como si hubieras colocado a un guardia centurión fuera de la puerta y éste se rehusara a dejar pasar por la puerta a cualquiera que no esté calificado para pasar. Las únicas personas que pasan por esa puerta son aquellas que han aprendido cierto conocimiento. El guardia fuera de la puerta, ese gran centurión al mando de cien soldados, se cerciora de que aquellos que no estén calificados no entren.

Si le das la orden para que los deje pasar, el guardián, el tálamo, se doblega y permite que suba la energía al sexto sello. Una reacción química tiene lugar ahí cuando la energía entra al sexto sello.

La energía es una serpiente, es una onda en bruto, es potencial de vida. Sus ondas de calor son un ejército en marcha, y cuando se levanta es devastador. Destruye todo en su camino. Hace que la piel se ampolle, y que los músculos se contorsionen, se tuerzan y se estremezcan. Hace que sientas como si se estuvieran quemando las puntas de tus dedos, que palpite tu corazón, y se quemen los vellos de la parte de atrás de tu cuello. Éste es un ejército cruel y devastador en marcha y cuando comienza a movilizarse y a subir por el cuerpo arrasa con todo en su camino.

Estamos tratando de despertar al dragón

dormido en la cueva. Cuando se despierta el dragón, arroja fuego y humo y comienza a moverse, y todo empieza a temblar cuando sale. Está respondiendo al llamado, y el dragón pisotea todo en su camino y chamusca la tierra dejándola inerte y sin vegetación. Eso es lo que significa subir la energía kundalini.

Cuando ésta energía sube al cuello, lo hincha, pero tiene que obedecer al guardián. Si el guardián dice, "No puedes pasar," no importa que tan grande y terrible sea el dragón, no podrá pasar más allá del guardia. El guardia lo neutraliza. ¿Cómo puedes neutralizar una energía tan etérica? Con la voluntad. La voluntad dice, "No," y el dragón se va llorando, quejándose, encogiéndose de regreso a su cueva. El estudiante termina tumbado, jadeante, exhausto, con los ojos llameantes, llenos de sorpresa, aterrorizado al máximo, con todo el cuerpo sudando, y su corazón palpitando agitadamente. No sabe qué fue lo que sucedió y qué fue lo que hizo que cesara su mecanismo.

Si permite que entre esta energía en bruto que va en marcha, las glándulas de tu cuerpo producen un nivel de hormonas en sintonía con el jefe supremo. Ellas están a cargo de llevar a cabo ciertas tareas en diferentes áreas de tu cuerpo, pero se necesita energía para elaborar esas hormonas. Las hormonas son cosas etéricas que quizás en un diagrama químico podrían parecer cosas pequeñas en forma de diamante pero en realidad son átomos que han sido diseñados en cierta manera con una cantidad de energía específica en ellos. La energía es la corriente eléctrica determinada por el electrón y su movimiento alrededor del núcleo de una fuerza formidable y poderosa que emana energía. Si no tienes energía entonces esos personajes, esas hormonas no se pueden formar.

Cada centro o sello en el cuerpo tiene un vórtice girando que sale como un tornado y que impregna el campo alrededor de él. Es ese campo, según su energía específica, lo que genera el magnetismo que ocurre en la vida de uno. Una persona muy sexual que es muy dada al primer sello — por lo general en el primero, segundo, y tercer sellos — su energía es tan enorme que sale en un vórtice y magnetiza el campo que la rodea. Estas personas son muy sexuales, muy magnéticas. Magnetizan y atraen a su vida aquellos aspectos de sí mismos que complementan su naturaleza. Lo mismo es también verdad en alguien con el mismo campo de fuerza girando desde el centro de su frente.

Pero éste estaría magnetizando a su vida el Infinito Desconocido en lugar de otra pareja sexual. Esa es la diferencia entre ellos dos.

Los Siete Sellos: Siete Niveles de Consciencia y Energía en el Cuerpo Humano

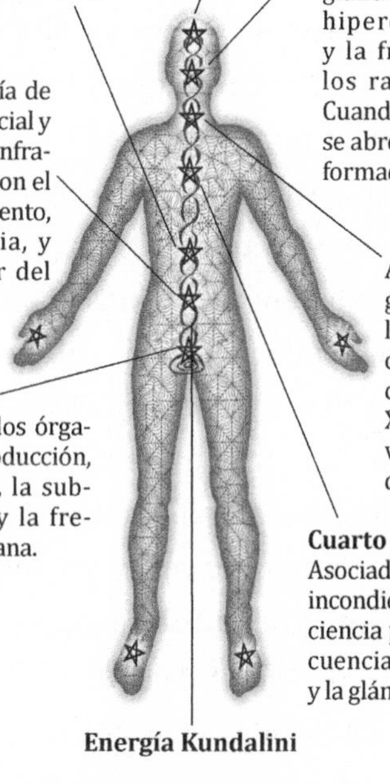

Séptimo sello
Asociado con la coronilla de la cabeza, la pituitaria, la ultraconsciencia, la frecuencia del Infinito Desconocido, y la iluminación.

Tercer sello
Centro de energía de la consciencia despierta y de la frecuencia de la luz visible. Asociado con el control, la tiranía, el victimismo y el poder, y la región del plexo solar.

Sexto sello
Asociado con la glándula pineal, la hiperconsciencia, y la frecuencia de los rayos gamma. Cuando es activado, se abre el filtro de la formación reticular.

Segundo sello
Centro de energía de la consciencia social y de la frecuencia infrarroja. Asociado con el dolor y el sufrimiento, la supervivencia, y la zona inferior del abdomen.

Quinto sello
Asociado con la glándula tiroides, la superconsciencia, y la frecuencia de los rayos X y con hablar y vivir la verdad sin dualidad.

Primer sello
Asociado con los órganos de la reproducción, la sexualidad, la subconsciencia, y la frecuencia hertziana.

Cuarto sello
Asociado con el amor incondicional, la consciencia puente, la frecuencia ultravioleta, y la glándula del timo.

Energía Kundalini

Si la energía logra subir, ésta hace que el sexto sello se expanda. Es como si esa glándula se hubiera inflado con aire caliente. Lo hincha y al hacerlo comprime sus moléculas. Cuando lo hace produce una secreción, una mutación de la hormona. Muta a través de la hinchazón o la actividad anormal de la glándula. Esa hormona que se secreta de la glándula es lo que crea enzimas que inundan toda la neocorteza.

El área de la neocorteza se anestesia cuando está inundado con estas enzimas. Ese es el efecto que ellas tienen en el cerebro. El cerebro llega a un punto en el que se siente paralizado. El flujo de actividad anormal de las enzimas fosforescentes permite que la comunicación habitual de las puntas nerviosas entre sí o con otras células se agudice, se encienda, y se haga más eléctrico. No tengo otras palabras para explicarte este fenómeno más que decirte que este efecto inunda al cerebro completamente e incrementa su actividad eléctrica.

Una persona que tiene esa energía en su cabeza primero siente una oleada de calor en su cerebro. Es la única manera como se puede describir. Luego empieza a ver lucecitas y a sentir como si estuviera en medio de una nube dorada. La nube dorada intensifica los colores.

Todos los colores se hacen más luminosos e intensos y cobran un tono azul eléctrico o azul ultravioleta eléctrico. Todos los colores mantienen una gran intensidad en esta nube.

La energía que hincha este sello, comprimiéndolo y mutando su hormona, crea la hormona de Dios. Esa hormona divina crea la enzima que inunda el cerebro con un brillo fosforescente, y ves lucecitas y quizás también veas el muro blanco. La energía se traslada al centro de tu cabeza. Ahí es a donde quiere ir y llega ahí como una tormenta, y todo el centro de tu cerebro está destellando. Esta energía sale del centro de tu cabeza como una corriente eléctrica. La luz que sale en espiral del centro de tu frente es lo que algunos perciben cuando ven a un maestro envuelto en una luz resplandeciente. Es la energía de su kundalini. Está en marcha, saliendo del centro de la cabeza, y ha llegado al campo etérico. Los maestros tienen la capacidad de hacer esto.

El propósito de esta energía no es solamente marchar como un ejército y destruirlo todo. Su objetivo es preparar al cerebro, no para el conocimiento rudimentario de tu personalidad que has adquirido en esta vida, sino para todo el conocimiento almacenado en el cerebro antiguo, el cerebelo inferior. Aunque está almacenado ahí, es algo superfluo para ti. En realidad lo es. Si en verdad fuera importante para ti, nunca morirías. Pero es algo superfluo y está almacenado ahí como una onda de radio que podría significar el color azul. El cerebro crea una onda en frecuencia y tú piensas que estás viendo una imagen, pero la imagen es creada por frecuencia almacenada en este centro.

Esta parte antigua de tu cerebro tiene su propio enlace directo al lóbulo frontal. Circunvala todo lo demás. Así es como yo opero en este cuerpo de mi canal. Me muevo a través y recubro el cuerpo con una amplitud de onda que es en parte la de esta mujer y en parte la mía. Yo entro por la parte de atrás de la cabeza. Yo — o sea, la consciencia que yo soy — me muevo hacia arriba y en ocasiones utilizo toda la memoria que está almacenada en la neocorteza. Pero cuando ésta no tiene suficiente información, la circunvalo y utilizo información del cerebelo inferior. Tomo esa información y la pongo en el lóbulo frontal de manera que esa información frontal se está manifestando continuamente.

Cuando tú, el hijo, aprendas a hablarle a tu Dios, vas a aprender a hablarle en etapas de cuerpos. Cuando logramos tener acceso a esta fuente infinita de conocimiento, lo hacemos primero bombardeándolo con energía y preparando el cerebro para que nos permita — a nosotros, el hijo — comenzar a hablarle. A lo que me refiero con hablarle significa que la parte antigua de tus bandas comenzará a afectar a tu cerebro, a través de este centro en la parte de atrás de tu cabeza. La información que proviene de este centro no es distinta a las ondas de radio que tu cerebro capta o que tu radio o transmisor captan. La información que proviene de la mente subconsciente es una colección de conocimientos que pueden ser de cualquier tiempo, de cualquier parte, en cualquier nivel. Esas bandas alrededor de tu cuerpo comienzan a rotar y el Infinito Desconocido empieza a entrar. Cuando sucede esto, todas las facultades del lenguaje en el cerebro empiezan a funcionar. Los ojos empiezan a funcionar, pero lo más importante es que las facultades de los ojos y el lenguaje comienzan a funcionar motivados por una consciencia superior a la consciencia que actualmente ocupa al cuerpo.

¿Entonces, quien eres tú? Tienes un nombre y un número del seguro social, un lugar donde naciste, pero eso es lo máximo que puedes recordar. Tú y tu consciencia mente/cuerpo son ignorantes comparadas con el conocimiento tan vasto que posee esa otra entidad en ti, tu Dios. Él es quien está detrás del velo y te observa. Es el que observa todos tus pensamientos porque está justo ahí cuando todo sucede. Conoce todos tus pensamientos porque percibe al cerebro mientras concibe sus modelos. Cuando se mueve a través de ti y te bautiza con fuego, que es el despertar del kundalini, la personalidad que alguien te dio y cultivó en ti disminuye y un ser más grandioso sale a la superficie. Ese ser más grandioso utiliza esta parte antigua de tu cerebro como acceso a todo lo demás.

¿Cuál es la importancia de adquirir conocimiento correctivo aún en este nivel? Además, ¿cuál es la importancia de obtener filosofía en este nivel? Para exagerar a la personalidad a tal nivel de manera que se sienta intimidada. Si lo hace, entonces se le permite concebir modelos en el cerebro que son proporcionales a los de una personalidad diferente. Esto le da espacio a esa nueva personalidad de ser más cognitiva y más presente en el cuerpo, en lugar de esa otra personalidad por la cual tenemos poco respeto y más bien desprecio.

3. La Memoria Como una Herramienta para Crear y Remodelar la Realidad

"La neocorteza es donde se encuentra el taller de trabajo. Ahí es donde contamos con las herramientas para elaborar la memoria."

— Ramtha

Es muy importante aprender sobre ti mismo y un poco acerca de cómo funciona tu cerebro. Debes saber que tus médicos no van a ser metafísicos o esotéricos contigo ni van a intentar explicarte cómo es que creas modelos que a su vez afectan la realidad. No osarían hacer tal cosa. ¿Por qué habrían de hacerlo? Se burlarían de ellos y perderían su profesión.

¿Cómo aprendieron en donde estaba localizado el centro del lenguaje y todos esos aspectos del cerebro que controlan el lado izquierdo y derecho del cuerpo, esos lugares que tienen que ver con la audición, la vista, el olfato? Lo lograron a través de mucho estudio, aplicando electrodos a ciertas partes del cerebro mientras sus pacientes estaban despiertos y les permitieron registrar sus experiencias. Esto es lo interesante. Un doctor puede aplicar una corriente eléctrica suave a cierta porción del cerebro y el paciente podría tener la visión de correr, y sus piernas empezarían a moverse rápidamente en la mesa del laboratorio o sus brazos comenzarían a moverse. Ellos podrían oler una rosa o ver el cielo azul, pero claramente no hay ninguno de esos espejismos en ese laboratorio estéril. ¿En dónde está sucediendo la realidad entonces? En el cerebro.

¿Acaso eso niega que tú realmente estés experimentando una bella mañana aquí, que el cielo parece una ostra y es gris perla? No, no es así. Lo que esos pacientes estaban experimentando era una memoria. Estaban estimulándola eléctricamente con una frecuencia para determinar donde se encuentran esas facetas de la memoria. Los doctores y científicos, a través de la exploración de la región de la neocorteza, han llegado a concluir que hay ciertas partes del cerebro que son responsables de cierta movilidad en el cuerpo humano. Pero hay algo adicional que están comenzando a entender que podría ser un poco alarmante. Se están dando cuenta de que todo el cerebro es un mecanismo para la memoria. De hecho, si la neocorteza fuera destruida y solamente te quedara un fragmento de la corteza nueva, aún así podrías tener completa memoria cognitiva porque cada porción de la memoria está distribuida a través de todo el cerebro.

¿Por qué es así? Porque el mecanismo físico del cerebro está constituido de una infinidad de arbolitos que envían y reciben mensajes y secretan ciertos químicos. La memoria sucede a través de una experiencia. Si tú sales y te encuentras en medio de un incendio y te quemas, el cerebro entero experimenta esa memoria ya que toma la atención y enfoque de todo el cerebro, de todos los sentidos, para captar la información y registrar sus modelos. Esa experiencia requiere de la participación de todo el cerebro y es por eso que todas las regiones del cerebro recuerdan la experiencia. La memoria no está simplemente localizada en un lugar esotérico del cerebro llamado la región de la memoria. Está en todas partes, ya que todo el cuerpo y el cerebro están completamente involucrados en ella.

La neocorteza es donde se encuentra el taller de trabajo. Ahí es donde contamos con las herramientas para elaborar la memoria. Cuando le llamo fuego a la energía, si anteriormente tuviste una experiencia con fuego, tu cerebro está disparando información a una velocidad alarmante en forma de memoria química para poder entender mis palabras. Tu cerebro está construyendo todas estas imágenes mientras yo te estoy hablando, y conforme las va construyendo está trabajando arduamente en la neocorteza. Está construyendo y derribando imágenes a tal velocidad que no puedes ni imaginar la rapidez con la que lo hace. Las está construyendo conforme al estímulo de lo que ve y lo que oye. Toma un poquito de de aquí y de allá y los unifica. Y como resultado tenemos una idea nueva.

Tú aprendes que el color rojo es rojo a través de la repetición y al verlo una y otra vez. Tu cerebro construye objetos que son de color rojo, ya sea una manzana o un corazón o un amanecer. Si tu cerebro aprendió a reconocer que esos objetos son de color rojo, entonces los recuerda así. Al recordarlos así quiere decir que cuenta con la información almacenada químicamente, la cual puede utilizar y organizar cuando está construyendo una imagen.

La región del cerebro de la neocorteza está dedicada a construir imágenes, y cuando termina con su modelo la empuja justo hacia el lóbulo frontal. ¿Qué estás haciendo cuando me escuchas con atención? ¿Qué tanto de lo que te estoy diciendo llega a la parte frontal? No mucho, porque lo que te estoy diciendo tu cerebro lo está construyendo, derribando, reconstruyendo, derribando, construyendo, recordando, construyendo, recordando, derribando, recordando, construyendo. Lo hace continuamente.

Cuando digo algo de particular interés para ti, te detienes un momento, sostienes ese modelo y llega al frente. Mientras tanto, yo seguí y seguí adelante, pero tú te quedas fascinado con un concepto. Eso es lo que espero que tú hagas, porque si llego a decir algo que capte tu atención y te llene de pasión, te estamos preparando para una gran iniciación, una experiencia, ya que tú la vas a recordar. Lo que te estoy diciendo va a tener un impacto en tu vida porque has construido el modelo correcto. Logró llegar al lóbulo frontal, y es entonces que te digo, "Contempla estas cosas que te he dicho."

Los Secretos de la Contemplación y el Arte del Enfoque

"Soñadores lucidos, soñadores proféticos, son aquellos que tienen su mente fija no en la frivolidad del mundo sino en su conocimiento. No hay nada más grandioso que una hoguera resplandeciente, una taza de té caliente, un pensamiento, y silencio. Cuando lo haces te conviertes en una de esas personas que todo el mundo envidia por su serenidad y nobleza, su sabiduría y compasión, y su comprensión."

— Ramtha

La contemplación es cuando repasas tus notas o quizás observas un símbolo y te enfocas en él por un momento. Cierras tus ojos y comienzas a recordar lo que te dije y de repente tu cerebro, al recordar, empieza a reconstruir todas las cosas que hiciste ocho horas antes. Dice, "Hagámoslo de nuevo," y empieza a armarlo. Empieza a construir y todo está disparando, destellando, disparando. El calor se incrementa en el cerebro y todo el flujo de sangre se dirige hacia arriba. El cerebro hace todo lo que puede para poder rediseñar estos modelos químicos y eléctricos que tú llamas el pensamiento.

Mientras estas ahí recordando, la neocorteza está construyendo y derrumbando. Tú podrías decir, "No, mejor vamos a tomar esto y lo vamos a poner aquí. Ahora vamos a pensar en estos dos aspectos de la enseñanza." Tu cerebro los junta y comienza a darles vuelta. A medida que lo hace, sostiene el modelo de este pensamiento y empieza a reflexionar en él. Conecta la experiencia con la memoria de tu vida, las coloca al frente, y las compara con ese pensamiento. Así es como el cerebro analiza una situación.

Cuanto más contemples un pensamiento sublime — un pensamiento sublime filosófico, sin importar qué tan mundano o inaudito sea — tu cerebro está construyendo un modelo, una idea, y la coloca justo en el lóbulo frontal. Cualquier cosa que logre llegar a este preciado lugar se convierte en ley. Entre más contemples estos conceptos, se convierten más y más en una ley, lo que significa que tus bandas empiezan a girar analógicamente y el Infinito Desconocido empieza a fluir hacia adentro. Cuando tus bandas hacen eso, el pensamiento se lanza a sí mismo a la rotación de la rueda dentro de la rueda y te absorbes tanto en ello que te olvidas del tiempo y el espacio. Cuando regresas puede que ya sea de noche afuera. ¿Dónde estuviste? Estabas en tu interior. En lugar de vivir allá afuera, estás viviendo dentro. Cuando haces eso durante periodos largos de tiempo, la entidad en la parte trasera de tu cerebro que te está observando comienza a ayudarte.

Así es como esto funciona: Cuando alguna vez has estado muy preocupado por algo en tu vida — muy afligido, perturbado, o poseído por algo — simplemente permanece eso en tu mente y te vuelves distraído. No importa lo que sea. Puede ser algo bueno o malo. Y tú te tropiezas con las cosas y chocas contra la pared, no pones atención por donde vas, tiras comida por todos lados y haces que todos se avergüencen de ti. La gente te mira como si hubieras enloquecido y te dicen, "¿Pero qué es lo que te pasa?"

"Simplemente tengo muchas cosas en mi mente."

"Bueno, pero ¿qué es lo que tienes en tu

mente? Hablemos sobre ello."

"No lo entenderías."

¿Por qué es que ellos no lo entenderían? Porque les estás arrojando tu modelo a ellos. Y ¿con qué recursos cuentan en su cerebro para producir ese modelo? Sus experiencias, sus recuerdos. Ellos pueden llegar a una solución que saben que es la pura verdad, pero es la verdad para ellos. Te pueden dar algo de su información pero aquí es donde esto se vuelve un lío. Si te dan su información, tu cerebro va a producir modelos basados en sus modelos, y tú vas a intentar sostenerlos por un tiempo. Si lo haces, entonces habrás cambiado el color de tu contemplación original. Ya no sigue siendo original sino algo reciclado, la influencia de otra persona.

Si no hiciste nada de eso y lo sostuviste intacto, posiblemente experimentaste irte a dormir a la cama una noche y despertar la siguiente mañana con la sensación de que finalmente tu preocupación se resolvió a sí misma. Esto es porque si sostienes algo ahí en el lóbulo frontal por un periodo prolongado de tiempo, en este lugar importantísimo, acaparas la atención de tu Dios, esta entidad en la parte de atrás de tu cabeza. Si lo mantienes al frente, él observa tu pequeño cerebro ir de aquí para allá, construyendo y derribando — ¿qué pasa si lo hago? ¿debería hacerlo? ¿debería correr este riesgo? — día tras día. Te está observando hacer todo eso. Lo que realmente estás haciendo es producir paradigmas, posibilidades, y sin embargo ninguno de ellos parece funcionar, y con pensamientos nuevos nunca funciona. Lo que sucede es que durante la noche tu Dios, de manera verdaderamente misericordiosa, te pone en un estado de cansancio y fatiga tal que no quieres salir a ninguna parte y te quedas en casa y te vas a la cama temprano. La última cosa que tienes en tu mente es esa preocupación, esa cosa posesiva en el centro de tu frente. Te vas a dormir y tu Dios es tan misericordioso que toma ese pensamiento y lo moldea de nuevo de acuerdo a tu destino. Lo que hace es que lo corrige, lo pone justo donde debe estar colocado, y en la mañana cuando te despiertas ya no está ocupando más la parte delantera y sientes como que algo en ti está resuelto.

Acabas de aprender algo importante aquí. La manera como captamos la atención de nuestro Dios es poniendo algo al frente de nuestra cabeza por un periodo de tiempo lo suficientemente largo. Nos angustiamos por esto, lo construimos, lo dibujamos, lo quemamos, lo volvemos a hacer de manera que nada nos apacigua ni se siente bien, y finalmente nos vamos a dormir y decimos, "Te lo entrego completamente." Cuando lo hacemos, en algún momento durante la noche esa consciencia benevolente lo ajusta y lo hace funcionar en tu vida. Así es como funciona.

Los adeptos, hace mucho tiempo, aprendieron que si hemos de interactuar con lo divino — o podría ser querer resolver un problema matemático muy confuso — debemos tratar de alcanzar un pensamiento que es tan sublime y sostenerlo por un periodo de tiempo lo suficientemente largo. Debemos contemplarlo continuamente, enfocarnos en él, pensar en él como si fuera un enamorado que tiene posesión de nuestra esencia misma, y dejar que nos posea y abrace nuestra consciencia. Si hacemos una pausa y nos desligamos de él, teoréticamente existe una parte supernatural en nosotros que llamamos Dios que va surgir y nos proporcionará la respuesta al acertijo. Estos adeptos estaban en lo correcto porque entonces ¿cuál podría ser la razón por la que las religiones antiguas, la gran religión espiritual, requieren que te sientes en silencio con los ojos cerrados, quieto, contemplativo, y enfocado? ¿Por qué habrían de enseñarte a hacer eso? Para que dejes de ser un estorbo a ti mismo, enseñarte cómo detenerte y callarte, y enseñarte a ser devoto.

¿Cuál es la razón de esa devoción? ¿Por qué es importante sentarte quieto y tener los ojos cerrados? ¿En qué se supone que debes de estar meditando? ¿En abrir una flor de loto pétalo por pétalo? Eso sólo funciona si has introducido el capullo a tu cerebro y establecido que es importante para ti contar cada pétalo porque cuando termines de contarlos obtendrás la iluminación. Pero lo tienes que hacer una y otra vez hasta que dejes de pensar en ello y simplemente lo hagas. Le tenemos que enseñar a nuestro cerebro a contar pétalos y hacerlo todos los días hasta que el cerebro se aburra del proceso. Si lo haces y vas más allá del aburrimiento del cerebro e insistes en claridad de visión, entonces un día la kundalini subirá y estallará en tu cabeza. Pero eso es solamente importante si has aprendido eso filosóficamente.

¿Por qué esos seres se sientan ahí en tan

sereno reposo, tan quietos, sin perturbarse, sin arrugas en su rostro? ¿Por qué se sientan erguidos con los ojos cerrados cuando están sucediendo tantas cosas en el mundo? ¿Por qué no forman parte de éste? ¿Por qué les enseñaron a hacer eso? Para recibir las respuestas, pero no de parte de su intelecto o la pequeña personalidad hambrienta de conocimiento verdadero pero que se la pasa chismeando y criticando todo el día o anda de compras en las tiendas. Esa personalidad que piensa en hamburguesas y papas fritas no va a solucionar los grandes problemas del mundo. Alguien más lo va a hacer.

Te estoy enseñando ha hacer lo mismo porque hay gran verdad en esto. La verdad es que si Dios vive dentro de ti, la única manera en la que haces contacto es a través de un método verdaderamente científico. Y ese método es entender que el cerebro es íntegra y materialmente responsable de crear las ideas. Entre más adepto seas para crear y sostener un pensamiento, más adepto serás para la quietud inmóvil del enfoque por un periodo largo de tiempo, lo cual significa que no te vas a quedar dormido. Estarás soñando lúcidamente mientras continúas sosteniendo continuamente este pensamiento en tu lóbulo frontal.

Los mantras fueron creados para que el estudiante los dijera todos los días en sus oraciones una y otra vez. Rara vez afectó al estudiante porque éste nunca escuchó lo suficiente para obtener el conocimiento de su información empírica y descubrir su importancia. Pero lo repetía una y otra vez, y los estudiantes apasionados lo pronunciaban con pasión una y otra vez. Tenían ocupado al cerebro con la esencia de Dios, la esencia de una idea. Lo decían una y otra vez, y cuando se iban a la cama en la noche tenían sueños lucidos. El subconsciente les proporciona sueños de otros mundos, otras realidades. El subconsciente les da seres para interactuar en el sueño y darles una enseñanza, para mostrarles el camino, indicándoles la dirección con el dedo y haciéndoles ver su propia caja. Y si observas la caja, de pronto al mirarla te da el conocimiento.

Por eso es que hicieron eso. Soñadores lucidos, soñadores proféticos, son aquellos que tienen su mente fija no en la frivolidad del mundo sino en su conocimiento. No hay nada más grandioso que una hoguera resplandeciente, una taza de té caliente, un pensamiento, y silencio. Cuando lo haces te conviertes en una de esas personas que todo el mundo envidia por su serenidad y nobleza, su sabiduría y compasión, y su comprensión, porque día tras día has aprendido a acudir a tu Dios para obtener ayuda, para tu manifestación, y para tu comprensión. La personalidad humana jamás será capaz de descifrar estos problemas morales. Además, solamente son capaces de producir leyes que emulan la justicia, ya que el verdadero enmendador de la ley y la justicia es Dios, no el humano.

PARTE 2
CÓMO ABRIR LA PUERTA AL SUBCONSCIENTE PROFUNDO

Plegaria de un Iniciado Sincero: Abre las Puertas de Mi Mente

O mi amado Dios,
por aquello que tú eres,
si aguardas detrás
de las puertas de mi mente,
si aguardas atrás,
en la caverna de mi cerebro,
te imploro
que tomes acción
y esa barrera
que nos separa,
la derribes.
Que así sea.
Por la vida.

4. La Mente Subconsciente, la Puerta a la Mente Universal y a una Inteligencia Supernatural

"El verdadero valor de la mente subconsciente es su habilidad de captar la mente universal."

— Ramtha

La mente subconsciente, según el conocimiento de los psicólogos, muchas veces significa algo diferente a la mente subconsciente que nosotros estamos estudiando aquí. Aún cuando la mente subconsciente está compuesta de capas, es posible que memorias de largo plazo de tu niñez permanezcan latentes y sean captadas como ruido residual en tu cerebro. La región del cerebelo inferior en tu cerebro se dedica a almacenar la información de toda una encarnación, pero solamente almacena las memorias que están relacionadas con el crecimiento.

Los psicólogos consideran que la mente subconsciente está compuesta de las memorias latentes de las experiencias de la vida de uno. El verdadero valor de la mente subconsciente es su habilidad de captar la mente universal y los psicólogos no están preparados para tratar con ello. La mente subconsciente tiene la capacidad de captar lo que es llamado el inconsciente universal o colectivo. Ese término es apropiado porque ahora que ves la importancia del pensamiento y cómo viaja a través de las bandas, imagina cómo el mundo entero es afectado como consciencia colectiva. ¿Con qué tipo de información o de arcilla cuentan todos los seres humanos en el mundo para crear nuevos pensamientos e ideas? La mente subconsciente de la que estamos hablando es aquella que tiene todo el conocimiento desde que fue concebida, a lo largo de toda la escalera de la involución, y de todos esos niveles intermedios. También tiene la memoria de todos los cuerpos que existen en cada uno de los siete niveles. Tiene todo el conocimiento del impulso de la involución y también de la evolución y la subida de regreso por cada nivel, la progresión de la vida. La mente subconsciente tiene el conocimiento de todo eso.

Los individuos que buscan alcanzar

respuestas extraordinarias simplemente no intentan hacerlo ellos mismos. Lo que hacen en su lugar es liberarse a sí mismos por un periodo de tiempo constante y lo suficientemente largo para concentrarse en el problema o el modelo en cuestión. Si hacen esto, entonces ésta parte subconsciente del cerebro va a responder. ¿Cómo aprende un niño a gatear, a caminar, a comer, a controlar sus necesidades y su vejiga? ¿Cómo hace para aprender sonidos fonéticos y construirlos en lenguaje y aplicarlo por escrito a letras o palabras que a su vez representen símbolos o ideas o conceptos en la naturaleza? ¿Cómo haces para que un niño que tiene esa clase de información — que apenas fue capaz de entender historia en la escuela, no tuvo interés por la geometría, no quiso entender la física, y fue educado pésimamente — cómo le enseñas a contemplar un problema y dejar que el problema se resuelva con un modelo brillante de ecuaciones matemáticas? ¿Cómo puedes hacer eso si no fue entrenado formalmente para poder sugerir de alguna manera la probabilidad de dicha solución? Porque la información no provendrá de su personalidad; provendrá de su Dios. Llegará de la totalidad de información y lo único que tendría que hacer ese niño sería entablar el acceso humildemente.

La palabra "humildemente" conlleva otra palabra y actitud importante. Algunas veces ciertas personas piensan que ellos tienen las respuestas para todo. Son tan firmes en su convicción que son incapaces de ser humildes o lo suficientemente simples para permitir una respuesta a algo que está fuera de su comprensión. Ésta es la razón por la que cierta gente no se sana, y la razón por la que existe la guerra. Por eso existen la envidia y los celos y todos esos sistemas de castas en el mundo, porque la gente se preocupa por resolver los problemas basados en su estado mental empobrecido. Y cuando hacen eso, no pueden crear ideas y soluciones satisfactorias y mucho menos soluciones perdurables.

Todos necesitan aprender a ser lo suficientemente humildes para no pensar que son estudiantes tan grandiosos que ya no necesitan hacer el trabajo. Si tú tienes esa actitud, lo único que podrás manifestar es aquello que es equivalente a lo que has aprendido intelectualmente. Van a surgir retos en esta escuela que transcenderán tu capacidad para ser paciente, para estar enfocado, y que pondrán tus hábitos a prueba. Van a surgir situaciones en la Gran Obra que van a requerir de un poder más grande y tendrás que invocar a una inteligencia más profunda. De otra manera simplemente vas a darte por vencido, vas a enojarte y sentirte frustrado y furioso porque de cualquier manera no pudiste resolver el problema. Si ya tuvieras esa habilidad en tu personalidad, Dios o la inteligencia supernatural no serían necesarios en el mundo el día de hoy. Tú no posees inteligencia supernatural en la personalidad. Lo que posees ahí es fragilidad, inconstancia. En un momento estás convencido y entregado y en el siguiente estás lleno de odio y de venganza. Eres voluble. Te balanceas de un extremo al otro en la consciencia mente/cuerpo. Esa no es la mente en la que se puede cimentar el genio.

La humildad se alcanza cuando te tienes que sentar a dibujar un símbolo que transmita tu idea y esto requiere de tu enfoque y de tu tiempo. Tú lo creas, te sientas, y te concentras por un tiempo suficientemente largo, sin salir el sábado en la noche o ir a comer fuera una ración más de comida con alguien y tener conversaciones aburridas. Si haces el trabajo y te enfocas en lugar de hacer eso, entonces vas a empezar a engendrar una inteligencia excepcional porque una vez que experimentes este conocimiento, vas a comenzar a recordarlo. Aquello que está escondido va a ser revelado, y si así sucede entonces vas a cambiarte a ti mismo. No serás esa pequeña personalidad simple que trató de resolver todos los problemas basándose únicamente en su propia reserva y potencial. Vas entonces a acumular una personalidad que es Dios, y ese es el objetivo de mi escuela.

Tienes que ser lo suficientemente humilde para hacer el trabajo, para sentarte como un niño pequeño y aprender. Si lo eres, vas a conocer a Dios porque vamos a hacer que te enfoques en un realismo fantástico. Si lo haces correctamente, si usas correctamente este enfoque, y lo mantienes firmemente en tu convicción, se va a manifestar. ¿Y quién comienza a convertirse en el recipiente de dicha manifestación? Tú mismo. Tú eres quien lo va a experimentar. Yo ya lo experimenté.

El cerebro funciona de esta forma sencilla. Es un constructor, un arquitecto, y cuenta con ciertas herramientas, con ciertos materiales y superficies con las que puede trabajar para erigir ideas. Si logra sostener las ideas por un periodo de tiempo suficiente, entonces las arroja a la red de energía que las manifiesta.

Bebiendo de los Senos de Isis, y la Reencarnación del Alma

"Los senos de Isis, la amígdala y el hipocampo, son entidades involucradas en parte con la producción del alma y la alineación del cuerpo con la energía positiva y negativa. Aquello que es de carga positiva es el género masculino, pero de ninguna manera sugiere que al tener uso de energía positiva de alguna manera te hace superior a la energía negativa."

— Ramtha

Los senos de Isis, la amígdala y el hipocampo, son entidades involucradas en parte con la producción del alma y la alineación del cuerpo con las energías positiva y negativa. Si el cuerpo es masculino al nacer, el alma le imparte tentativamente al cuerpo energía positiva que pasa a través de los sellos. Si el alma asume un cuerpo masculino y entra con una carga negativa, entonces vamos a tener una mutación en el cuerpo. El alma utiliza estos centros para reforzar los circuitos en el cuerpo, ya sea negativo o positivo. Aquello que es de carga positiva es el género masculino, pero de ninguna manera sugiere que al tener uso de energía positiva eso te haga superior a la energía negativa. La carga negativa es el género femenino. Ella es la que recibe la energía positiva, y es en su grandioso vientre donde nace un nuevo ser vivo. Lo positivo no puede existir sin lo negativo, y lo negativo no puede existir sin lo positivo. Si tuviéramos un mundo de hombres solamente, pronto moriría y caería en extinción porque no importa lo que hagas contigo mismo, no eres capaz de recrearte a ti mismo. Y si de la misma manera tuviéramos un planeta lleno de mujeres únicamente, esas mujeres que piensan que el mundo sería mucho mejor sin los hombres, ellas también morirían y pronto caerían en extinción. No importa que tan masculinas o femeninas quieran ser, no tienen manera de suplantar el género del que carecen para crear un nuevo ser vivo. Ellas también morirían pronto y se extinguirían.

Para poder continuar recreando cuerpos

con cerebros resplandecientes, necesitamos que Dios ejecute su trabajo de manera positiva y negativa. Si el alma entra en un cuerpo de carga negativa y previamente era de carga positiva, y todavía retiene una experiencia que no ha experimentado completa y verdaderamente en su última encarnación y necesita corregir algo en la vida anterior, entonces va a tener un efecto en la amígdala. Si esto sucede, esta pequeña bolsita en el cerebro va a afectar a la pineal que a su vez afectará a todo el cuerpo al nivel de las glándulas. Aún teniendo un cuerpo femenino con senos, vagina, y matriz, podríamos tener una proyección de energía masculina cubriéndola que estropea la apariencia femenina. Los pechos no sobresalen, o la cintura crece muy ancha, y la apariencia femenina está escondida. Cuando esto sucede, estas son las dos glándulas que se utilizan para este propósito. Lo mismo sucede con un hombre. Podríamos tener a un niño pequeño con la proyección de energía femenina y su cuerpo va a asumir un aspecto más bien femenino aunque sea masculino. La amígdala es la glándula responsable de esto.

La pituitaria es la glándula maestra y cuenta también con un guardián. Todas las glándulas del cuerpo tienen la habilidad de interactuar con los otros seis cuerpos, empezando con la pituitaria que inicia el proceso en cadena hacia abajo. Si nos concentráramos en la energía ultravioleta del cuerpo azul y su consciencia, empezaríamos a mostrar esa consciencia en el cuerpo, junto con esa frecuencia, y habríamos neutralizado lo masculino y lo femenino. Si hacemos eso, la energía que yace en la base de la columna vertebral, enroscada para el propósito de la regeneración o la cópula, empezará a moverse. Si lo hace, subirá al cuarto sello, el cual se convierte entonces en el trampolín para saltar a la parte superior del cuerpo.

Cuán hermoso es tener una entidad andrógina, no como excusa para personas que son amantes de su propio género, sino un cuerpo que es una mujer en quien existe una inteligencia divina que no es seductora, femenina, o astuta. Posee inteligencia pero la inteligencia es una mente muy abierta. Cuando conversas con ella, el género no se proyecta sobre la inteligencia porque la inteligencia es suprema.

Sucede lo mismo con un hombre en quien todo el campo de su energía se ha movido a otro centro en su cuerpo, por virtud de su consciencia, de manera que puede conversar con las mujeres. Sin importar su necesidad de cópula o romance, él no es afectado por eso porque su energía no está en su sello inferior. Ya no es el hombre; ahora es el Dios.

Estos son seres que poseen la inteligencia que siempre sobrevive la muerte conscientemente. La mujer nunca sobrevive la muerte conscientemente. El hombre nunca sobrevive la muerte conscientemente. La razón es porque cuando vas a la revisión de la luz, y eres juzgado en la luz, ya no puedes ser positivo o negativo. Vas a ser despojado de ambos sexos. Si toda tu vida has sido una mujer respondiendo de acuerdo a la energía negativa, respondiendo a tu soledad, al romance, al amor, respondiendo a todas las cosas por las que se te clasifica como mujer, entonces el impulso de tu consciencia y de tu ser esta compuesto de carencia. Si esto va a la luz, va a desintegrarse porque no puede vivir en la luz. No puedes ser una mujer en la luz y serás neutralizada.

¿Qué es lo que sobrevive de la mujer y del hombre entonces? Solamente aquellas acciones y hechos en su vida que fueron realizados desinteresadamente, aquellos actos de amor y consideración que fueron hechos, no con el matiz de satisfacción sexual o romance, sino simplemente en el nombre de Dios. El haberlos hecho porque existía una necesidad, sin condiciones, esos son los actos que sobreviven la muerte. Ese es el aspecto de tu personalidad que es digno de ser recordado y preservado.

El Timo, el Amor Incondicional, y la Semilla de la Inmortalidad

"Si tu energía se moviera al timo, dejarías de envejecer. Es más, comenzarías a sentir algo excepcional por otras almas. Estás comenzando a cambiar. Ahora tienes mejillas sonrosadas y ojos danzantes. Tu cabello es como de hilos finos brillantes, o tal vez no tengas nada de pelo y tu piel simplemente brille. Tu abrazo es cálido y tu mirada acogedora, invitadora, sin apego, y amorosa."

— Ramtha

Hay muchísima información que tienes que aprender porque el conocimiento es la semilla de la realidad. Necesitas tener el deseo de aprender. Las bandas en algunos de ustedes se han marchitado, principalmente porque hemos hablado sobre el tema de mover energía más allá de tu sexualidad. Yo se que es un tema incómodo. Siempre observo lo que pasa cuando tocamos este tema. Pero, sabes, hay gente que vive cien años y más y tienen muchas dificultades, porque han envejecido mucho más allá de lo que deberían ya que no contaban con suficiente conocimiento. La razón es porque ellos se mantuvieron apegados a su energía en ciertos lugares. Se les fomentó hacerlo porque el mundo te dice que es algo natural hacer eso, la naturaleza humana te dice que es natural hacer eso. Ellos no logran llegar al puente y subir a la cabeza al conocimiento extraordinario porque están bloqueados por los velos. Y si no vas más allá de los velos, permaneces ignorante y supersticioso.

El amor no nace realmente hasta que no se abre el cuarto sello. Cualquier persona viva en este plano hoy en día ni siquiera ha ido al cuarto centro, y te diré por qué. Hay doctores que pueden decirte que el timo — la glándula situada justo en el cuarto sello donde reside el alma — reduce su tamaño con la edad. Se hace cada vez más y más pequeña. Ésta es la glándula que te permitió ser por siempre joven, te dio elasticidad en tu piel, e hizo posible que rieras todo el día. Hizo posible que corrieras y jugaras todo el día y tuvieras dulces sueños al caer dormido. Te proporcionó una cantidad enorme de energía y te mantuvo en un estado de inocencia.

Esa glándula comenzó a encogerse cuando derramaste tu semilla y tuviste tu primera menstruación porque la energía partió de ese lugar y lo continúa haciendo al moverse hacia abajo al primer sello. De hecho puedes observar el proceso mientras ocurre en un niño pequeño — en un niño de doce años, de diecinueve, de veinticinco o de treinta años — y ver cómo se encoge con la edad conforme va ocurriendo. Tiene que mutar para que la entidad pueda desarrollarse hasta su madurez sexual.

La madurez sexual ocurre cuando toda esa energía errática yace dentro de los jóvenes y no la pueden controlar. Viven en un cuerpo adulto pero tienen una mentalidad infantil y no saben qué hacer con ella. Pero puedes ver que una vez que llegan a los veintitrés años de edad ya están en declive porque toda la energía que estaba contenida ahí — que les permitía correr a ti, sentarse en tus piernas, poner sus brazos alrededor de tu cuello, y amarte sin condiciones — de hecho disminuyó. Lo hizo para dar lugar a la sexualidad y a los matices sensuales. Y eso significa que una persona que ha crecido y llegado a los veinte años de edad está ahora en declive en su vida y ha comenzado a envejecer. El timo comienza a encogerse porque ya no hay energía ahí. Si la energía regresara ahí entonces comenzaría a florecer y a funcionar de nuevo.

Los científicos sí cuentan con una inyección que fuerzan directamente a este centro y estimulan a esa glándula con sus propias hormonas y la hinchan de nuevo. Logra volver a producir por un tiempo pero luego disminuye de nuevo. Así es como cierta gente de la élite del mundo ha escapado de la muerte, pero ustedes no son de la élite del mundo, por eso envejecen y pierden su energía.

En mi escuela decimos que quieres aprender a amar pero tienes que aprender a amar sin condiciones. Esto significa que no puedes amar a otra persona simplemente porque tiene bonitos ojos. Esa es tu sexualidad amando, tu necesidad de procrear con el cuerpo. Esa es la atracción que sientes. La razón por la que sientes atracción a cuerpos es por la necesidad de procrear y producir otro organismo vivo con tu propia semilla. Aquellos a quienes simplemente no les importa y derraman su semilla a cualquiera — abren sus piernas a cualquiera, conciben hijos en su vientre sólo por el efecto del placer — crean gente infeliz porque no están procreando con el propósito de reproducirse. Mi intención no es darte una lección moral, sino expandir tu ignorancia hacia el conocimiento para que entiendas cómo se mueve ésta energía y por qué estás envejeciendo.

Un maestro que mueve la energía hacia arriba al cuarto sello, la mueve despacio y empieza a amar, no porque la otra persona sea joven o vieja, sino simplemente porque es ella. Algunas veces parejas que tienen una gran diferencia de edad entre ellos están juntos no por el atractivo sexual de uno de ellos y los recursos del otro. Están juntos porque sus almas añoran estar juntas y no importa qué forma tengan. Esto es amor, energía que se ha movido al cuarto centro. Mientras la energía viva abajo, en el primer sello, siempre vamos a ser condicionales.

Los niños pequeños que viven en una sociedad sin ser molestados — a diferencia de ésta en la que vives hoy — pueden amar abiertamente a cualquier persona, a todos, y ser aceptados en sus vidas. Los podrían llevar a sus sueños y construir castillos en el cielo para ellos. Los idolatrarían y amarían y pintarían dibujos para ellos. Hoy en día los niños son objeto de perversiones sexuales, pero existió un tiempo cuando esto no era así. Eso cambió al volverse más sexuales. ¿Acaso Yeshua Ben José no aconsejó ser como un niño pequeño para poder entrar en el reino de los cielos? Lo que eso significa realmente es que dejes de ser un animal en celo y te muevas al cuarto centro. Los maestros siempre lo hacen así.

Aquellos que logran vivir más de cien años y que han envejecido anormalmente son personas que están atadas a su tigre y el tigre tiene dominio sobre ellas. Les es imposible dejarlo ir porque es muy seductor, y sus razones son múltiples. Pueden usar su poder de seducción para apaciguar su placer. No importa la edad que tengan, lo hacen de otras maneras. Y aún cuando son brillantes y tienen la habilidad de manifestar, están privados de ciertos niveles de conocimiento por sus propios actos.

Si tu energía se moviera al timo, dejarías de envejecer. Es más, comenzarías a sentir algo excepcional por otras almas. Esto significa que esta pequeña glándula ahora tiene energía en ella y está empezando a responder y a producir y estás comenzando a cambiar. Ahora tienes mejillas sonrosadas y ojos danzantes. Tu cabello es como de hilos finos brillantes, o tal vez no tengas nada de pelo y tu piel simplemente brille. Tu abrazo es cálido y tu mirada acogedora, invitadora, sin apego, y amorosa.

Esto se confunde ahora. Un maestro que ama a sus estudiantes lo podría mostrar abiertamente a algunos pero no a otros porque si lo hiciera sería malinterpretado sexualmente en lugar de simplemente verlo como un cariño, una adoración, y la preocupación que realmente es.

La Gran Obra por la Puerta de Atrás de Dios hacia el Frente del Enfoque

"Entre más tiempo se mantenga arrobada tu mente con la idea, de manera que te alimentes de ella, la respires, y pienses en ella con añoranza, tu Dios la manifestará para ti milagrosamente."

— Ramtha

Entre más permanezcas en enfoque, serán más sublimes los pensamientos que tengas y tu fascinación por esta obra será mayor. Si Dios, ese enigma, le presenta a tu mente imágenes que son fantásticas, hermosas, y salen lágrimas de tus ojos, quiere decir entonces que posees una pasión y un amor latente por Dios. Entre más contemples lo inaudito y te convenzas de que con tu cerebro y memoria no eres capaz de lograr esto pero con tu Dios sí puedes hacer cualquier cosa, más se hará posible esto para ti. Entre más lo intentes y se expanda más tu fé en ti, tu Dios surgirá más y más en tu vida y lo hará posible para ti. Tu Dios entrará por la puerta de atrás a tu vida, utilizando al lóbulo frontal para la manifestación.

Lo que te estamos dando en la escuela de sabiduría antigua no es conocimiento para que lo intelectualice tu personalidad. Tengo muchos instructores que abandonan la escuela. Ellos piensan que por tener conocimiento intelectual eso los capacita para enseñarlo a los demás. Eso no los hace capaces de enseñarlo a otros porque lo único que hacen es repetir palabras como un orador a una audiencia de gente empobrecida e ignorante que se las memorizan y nadie sabe qué hacer con ellas — nadie. Nadie sabe qué hacer con un libro antiguo donde todo es alegórico. No entienden nada de ello y por lo tanto no es de interés para ellos.

Lo que estamos aprendiendo aquí es a incrementar tu conocimiento para que lo puedas recordar, no con el objetivo de exponerlo intelectualmente sino para construir modelos, ideas, y después presentarle el acertijo a Dios. Estamos jugando a un juego de ajedrez con Dios. Entre más fantástico sea el modelo, más largo será el enfoque. Entre más tiempo se mantenga arrobada tu mente con la idea, de manera que te alimentes de ella, la respires, y pienses en ella con añoranza, tu Dios la manifestará para ti milagrosamente. Esto se convierte entonces en el encanto. Es entonces cuando el ser místico llena tu vida de maravilla porque sólo estas limitado por tu capacidad de preguntar. Eso es todo, y el conocimiento expande esa capacidad. Imagina qué sucedería si pasaras siete días conmigo sin ponerte caliente y sensual, siete días sin pensar en la cópula o tener sexo, y dedicaras siete días a pensar solamente en Dios. Podríamos hacer muchísimo con esto en esos siete días.

Las iniciaciones son una manera de introducirte a Dios. No tienes la capacidad de superar las pruebas que están por venir. Pero si se lo entregas completamente a ese otro poder dentro de ti, te arrebatará y lo hará con la mayor facilidad. La parte extraordinaria de tu ser se convertirá entonces en una faceta de tu ser. Es justo entonces cuando tu energía comienza a moverse de nuevo al cuarto sello.

5. La Extensa Dimensión de la Mente, el Sexto Sentido, y la Puerta de la Percepción

"Para poder experimentar un estado dimensional de la realidad, tienes que saber lo que es para que lo puedas aceptar y no dudes."

— Ramtha

Cuando hablas sobre la mente dimensional, usas el término dimensional, pero ¿a qué te refieres? ¿Sabes aquello de lo que hablas? Te refieres a cosas que son dimensionales en el espacio, hablas sobre el tiempo, y haces referencia a la mente, pero ¿qué son todos estos misterios? No existe una clase mejor en la escuela que tratar sobre este tema y tener una enseñanza y conocimiento sobre estos mismos misterios. Cuando hablamos de la mente consciente — la mente de la imagen — estamos hablando de la mente que es producida por el cerebro, la cual basa todas sus conclusiones y pronósticos en la realidad y las experiencias del cuerpo en el tiempo. Tú determinas la realidad a través de todos tus sentidos y has aprendido eso hasta cierto punto. Tú eres un ser consciente, eres un ser de la imagen, y tu consciencia antes de venir a esta escuela estaba limitada a tres dimensiones únicamente.

¿Existe acaso la probabilidad y aureola de misterio de que existan otras dimensiones, de hecho otros cuerpos contenidos dentro de éste cuerpo y otros flujos de tiempo, y que estés viviendo realidades paralelas ahora mismo, en el futuro, y en el pasado? Estas cosas son mitos y realmente son conjeturas, porque hasta hoy eres una persona consciente pero estás consciente solamente en tres dimensiones.

No puedes imaginar las otras dimensiones porque no has tenido sentidos para eso como los tienes a través de tus ojos y tus oídos, a través del gusto, el olfato, y el tacto. El tiempo es la otra dimensión pero no tienes manera de oler esa dimensión. No tienes manera de degustarla. No tienes manera de verla o percibirla. Tú usas la palabra percepción. Para ésta entidad que es dueña de éste cuerpo a través del cual canalizo, JZ Knight, la percepción es una palabra muy importante en su vocabulario — la percepción —

ya que ella es capaz de percibirme. A la percepción y la puerta de la percepción podríamos llamarles el sexto sentido.

Cuando viniste a esta audiencia constituida en términos mortales para aprender sobre una mente dimensional, viniste aquí pensando en parte que ya sabías lo que significaba lo dimensional y quizás también la mente. Viniste aquí a perseguir un misterio y en verdad un saber. Antes de que puedas experimentar un estado ultradimensional, tienes que tener conocimiento de su existencia. En los términos que tú ya aceptas, ¿cómo podría existir y cómo lo podrías convertir en algo real como la realidad que creas conscientemente todos los días? Éste es un estudio sublime, muy sublime, y voy a intentar enseñarte éste conocimiento. Para poder experimentar un estado dimensional de la realidad, tienes que saber lo que es para que lo puedas aceptar y no dudes. Por lo tanto estos momentos entre tú y yo están dedicados al conocimiento y al aprendizaje.

Aquí está el punto crucial. No voy a utilizar todos esos términos pseudomédicos para el cerebro que fueron determinados en latín y griego porque ni siquiera sabes lo que significa lo dimensional en tu propia lengua. ¿Cómo podrías posiblemente entender estas palabras atribuidas al cerebro, el órgano más fantástico que jamás haya sido creado en el universo? Vamos a hablar acerca del cerebro en un contexto superior e inferior. Vamos a hablar acerca del cerebro primitivo, el cerebro latente, el cerebro futuro, en lugar de usar términos complejos que no entiendes. Es importante que lo aprendas de esta manera, porque ya dudaste de tu habilidad para hacer esto sin ni siquiera intentar ir más allá debido a que no entiendes el conocimiento que está conectado a su probabilidad.

Te voy a enseñar de manera sencilla lo que es una mente dimensional. Cuando estés lleno de un poco de conocimiento filosóficamente, de manera que te pueda interrogar y tú, de hecho, me puedas contestar y hablar sobre esto, entonces haremos algunos experimentos que nos lleven hacia una mente dimensional. De manera que lo articulas, comienzas a cambiarlo y a desarrollarlo porque cuando lo declaras, de pronto te llega conocimiento nuevo y se incrementa.

Las experiencias fundamentales de esta escuela tienen que ver con la celebración de

Dios. Tu Dios interior no está limitado a una mente consciente sino a todo el universo y a todo lo que le dio forma y carácter, de manera que la escuela ya es multidimensional. Todas las disciplinas — encontrar tu tarjeta con enfoque en el trabajo de campo utilizando un símbolo para crear la realidad — son multidimensionales. Vamos a refinarlas, y me complace enseñarte éste conocimiento. Al final de esta bella travesía, todos los potenciales que existen sobre cómo esta mente dimensional va a tener un impacto en ti, van a cobrar un alcance muy amplio.

Éste conocimiento aplicado correctamente con una entrega absoluta va a producir una brecha gigante en tu realidad. Esa abertura es como un útero, y las cosas más macabras te van a suceder — entidades del pasado, del futuro — todo lo que pienses aparecerá revuelto, mezclado, y será evidente. Aquí tendremos lo fantástico, lo extraño, lo desconocido capaz de ser conocido, presentándose para que puedas alcanzar el plano de lo absoluto y lo excepcional al final de nuestra reunión. A su vez, también es posible que vayas a su punto más bajo y después de un largo día de trabajo estés muy cansado todos los días y digas, "Ramtha nos impartió una enseñanza sublime. Fue magnífica y esclareció muchas cosas acerca de mí mismo y de algunas otras cosas también. Fue tan claro." Y en el siguiente momento vas a abrir la puerta cuando toquen el timbre. Podrías aplaudir el genio, celebrar el conocimiento — incluso podrías pasarte de listo e intentar corregir el conocimiento — pero a fin de cuentas el potencial más bajo que podrías tener es simplemente pensar que fue una gran enseñanza, no hacer nada con ella, y nunca aplicarla.

El estudiante de la Gran Obra que va a surgir de esta escuela será aquel que ponga en práctica los principios de todo el conocimiento que se le enseñe, aquél que genuinamente se enfoque en esos pensamientos, y en verdad espere y sepa que los va a experimentar. Este es el estudiante que no necesita luchar contra su propia duda personal y todas las excusas que ha dado en su vida que no le permiten participar en ésta experiencia. Mis mejores estudiantes son aquellos de ustedes que quizás sean tan sencillos que nadie los ha reconocido o celebrado, pero solamente ésta Gran Obra será lo que ocupa su consciencia. Y cuando tengas la oportunidad de rendirte a pensamientos viles, los harás a un lado y habrás aprendido a enfocarte en un pensamiento sublime, y eso es lo que mantiene la realidad sublime en tu vida. Entonces serán ustedes los que beban del conocimiento y estén listos para la experiencia, y no se quedarán atrás con cadenas hechas por el hombre, condenados por sí mismos a su propia prisión.

Muchas personas dicen cosas maravillosas y terribles acerca de mis enseñanzas y de mí mismo. Yo estoy aquí para enseñar sinceridad para que al final del día puedas decir, "Vine preparado, me entregué, aprendí, lo experimenté, y ahora está sucediendo en mi vida. Tengo pensamientos prolongados que ocupan mi mente y los protejo celosamente para que nada los interrumpa. Yo cabalgo sobre ese pensamiento prolongado, porque entre más cabalgo este corcel, más grande es la distancia que recorro y más grandioso será el lugar al que arribaré."

¿Cuál Es Más Grandiosa, la Mente o la Personalidad?
Analogía de un Viaje a las Pirámides de Giza con la Mente

"Cuando te digo que tu mente consciente está abarcando solamente tres dimensiones, te estoy diciendo una gran verdad."
— Ramtha

Deseo que definas e interpretes la palabra americanizada, mente. ¿Significa lo mismo que la definición de la personalidad? ¿Cuál es la diferencia entre la mente y la personalidad? ¿Por cuál de ellas se te conoce más, por tu espléndida personalidad o por tu presencia de mente? ¿Te consideras a ti mismo una mente o una personalidad?

Te quiero preguntar algo. ¿Cuál de ellas posee una realidad mayor? Si en este mismo momento salieras de este maravilloso lugar, viajaras a la base de la Gran Pirámide y la escalaras hasta llegar a la cima, ¿cómo cuánto tiempo te tomaría llegar ahí aproximadamente, dependiendo, claro, de los vuelos que haya disponibles?

¿Cuantos de ustedes podrían pagar lo necesario y viajar allá mañana a primera hora? ¿Cuánto tiempo te tardarías en viajar desde aquí a la cima de la Gran Pirámide — dos días, tres, cuatro? Tal vez hubo un terremoto — ¿cinco días, siete? Recuerda que hay que pasar por la aduana también — ¿doce días? ¿Cuántos de ustedes simplemente no podrían ir, no podrían partir por la mañana y hacer esto? ¿Cuál sería el lapso de tiempo más popular, dos días y medio? Sí, ese sería el lapso, dependiendo, claro, de ciertas circunstancias y de tu agenda.

Ahora, ¿cuánto tiempo te tomaría ir a la cima de la Gran Pirámide en un pensamiento? Cierra los ojos y hazlo ahora mismo. ¿Estas ahí? ¿Todavía estás ahí? Dime qué apariencia tiene el cielo.

¿Cuál fue la diferencia entre ese viaje y el anterior sobre el que acabamos de hablar? ¿Cuál de los dos viajes plantea una realidad más grandiosa, el viaje número uno o el número dos? En otras palabras, ¿si te llevo a Egipto esta misma noche y te coloco justo en la cima de la Gran Pirámide, sería eso lo mismo que si tomaras un tren o un avión y fueras allá?

Tú respondiste y escogiste la segunda opción. Henos aquí ahora en la cima de la pirámide y sin embargo existe una dificultad en la pregunta que requiere que seamos sinceros. La pregunta es, ¿Cuál de las dos aceptas como algo real? En éste punto de tu desarrollo, la que es más real para ti es la primera opción.

¿Qué consideras que es la segunda opción, un pensamiento? Sí, simplemente un pensamiento. Tu realidad está basada completamente en la proyección linear del tiempo. Tu realidad está basada en la suposición de que si comienzas en un extremo del salón y te desplazas al otro lado, no estás realmente ahí hasta que no llegas físicamente, lo cual nos lleva a un punto interesante en tu aprendizaje. Cuando te digo que tu mente consciente está abarcando solamente tres dimensiones, te estoy diciendo una gran verdad. Si acogieras honestamente la segunda verdad, no necesitarías esforzarte tanto con las cosas que quieres y deseas como lo haces y no necesitarías luchar tanto cada vez que quisieras experimentar algo.

Estás Preprogramado para Ser un Prisionero en la Realidad Tridimensional

"Estas atrapado en una realidad tridimensional porque tu cerebro está sintonizado en su memoria y su construcción social para negar cualquier otra realidad que no sea la realidad que constituye el tiempo linear."

— Ramtha

La mente dimensional es esto. Estás atrapado en una realidad tridimensional porque tu cerebro está sintonizado en su memoria y su construcción social para negar cualquier otra realidad que no sea la realidad que constituye el tiempo linear. Pongámoslo de otra manera. Si no lo puedes ver, degustar, sentir, oler, o escuchar, entonces no crees que sea real. ¿Qué nos dice esto sobre ti? Nos dice que estás atrapado en este mundo y que eres un prisionero de tu cuerpo por virtud de tu propia voluntad y porque has determinado que lo que es real se puede consumir con los sentidos del cuerpo. A no ser que puedas consumirlo con tu cuerpo en su estado sensual, no es algo real. Cuando hablo de consumirlo, me refiero a que lo puedas ver y puedas probar si es dulce como el vino. Lo escuchas, y es melodioso, flotando en el atardecer. Lo sientes, y es cálido, suave, una brisa acogedora. Tiene que tener todos esos aspectos para que tú lo determines como algo real.

Si tú eres el que organiza tu realidad, el juez que determina qué es lo que llega a tu vida, quiere decir que debes tener establecido un sistema muy sofisticado en tu cerebro que rechaza cada momento del día cualquier posibilidad potencial que llegue y te ofrezca una experiencia multidimensional. ¿Por qué? Ni siquiera serías capaz de reconocer a tu propio Dios si intentara comunicarse contigo porque en tu mente tu imagen ha rechazado todo a favor de hacer que las cosas sepan bien. El nigromante más grande del estudiante es que él mismo ha establecido las reglas y ha creado un guardián en el cerebro, y no un guardián en la consciencia. El cerebro reptiliano es el cerebro de la imagen — ciertamente lo es — pero el cerebelo inferior, que sujeta y empuña al sistema nervioso central, es el cerebro divino y los dos están estrechamente conectados.

En tu grandioso cuerpo, en tu cuerpo de luz, en tu cuerpo ultravioleta, tu Dios te está enviando mensajes que contienen información. Tu cerebro es como un gran radiotransmisor y te inunda con pensamientos que te presenta en el aquí y el ahora en las bandas. El cerebro tiene esos pensamientos disponibles para electrificarlos y llenar al cuerpo entero con una revelación, una realización a través del sistema nervioso central. Una realización — real-i-zación — es un pensamiento que traspasa tus limitaciones e inunda por completo al sistema nervioso central. De hecho, esquiva a la imagen. De alguna manera atravesó por ahí — tal vez fue por esas largas horas en la Playa Paraíso[5] — finalmente te rendiste, no te importaba nada más, y sucedió.

El cerebelo inferior está recibiendo constantemente — no linealmente, constantemente — la inteligencia que todo lo sabe. Pero tu imagen se rehúsa a infiltrar

5 La Playa Paraíso es una disciplina de enfoque prolongado de tres días que ha enseñado Ramtha en su escuela de iluminación. Ramtha describe y hace referencia a esta disciplina en el primer tomo de esta colección, "Estrella Norte Ram," en el libro de Ramtha, *Los Gladiadores de la Mente del Futuro* (Rainier: Hun Nal Ye Publishing, 2012).

ese conocimiento y esos impulsos al resto del cerebro y por esta causa tu mente consciente es infecunda, y por eso se deriva y entretiene a sí misma basada en sus memorias. Está recordando algo. En lugar de la iluminación está recordando. No cuenta con verdadera iluminación. Está simplemente recordando. Muchas veces, algunas de las cosas que pensabas que eran tus realizaciones no fueron nada más que memorias ensambladas y aceptadas porque tu mente consciente, a través de tu imagen, no iba a permitir que la verdad entrara y, por lo tanto, la reconstruiste. Si tienes a un juez por excelencia, como tú lo llamarías en tu propia lengua, situado dentro de tu cerebro, entonces él mismo fue quien prefirió la realidad número uno sobre la segunda. Y esto es la consciencia mente/cuerpo.

La Clave Principal: La Consciencia y Energía Crean la Naturaleza de la Realidad

"Si la consciencia y energía crean la realidad, tú has declarado conscientemente el edicto de juzgar todas las cosas que posiblemente puedan entrar en los hemisferios del cerebro, las cuales tienen que pasar por la imagen que decide si pasan o no. El camino más efectivo para la iluminación es eliminar al juez, destituir al árbitro."

— Ramtha

Quiero que hagas referencia a ésta bellísima y singular verdad. Si la consciencia y energía crean la naturaleza de la realidad, entonces tú has elegido ser físico y material en tu expresión en lugar de ser consciente. Ese es el costo de ser un humano y llevar puesta una vestidura para Dios.

Si la consciencia y energía crean la realidad, tú has declarado conscientemente el edicto de juzgar todas las cosas que posiblemente puedan entrar en los hemisferios del cerebro, las cuales tienen que pasar por la imagen que decide si pasan o no. El camino más efectivo para la iluminación es eliminar al juez, destituir al árbitro. El trabajo de esta escuela está dedicado a destituir al árbitro y enfrentar al nigromante. ¿Por qué es tan difícil hacer que suceda el cambio en tu vida? Porque no eres capaz de tener la realización de un concepto. Si lo pudieras hacer — la consciencia y energía crean la naturaleza de la realidad — entonces esa realización generaría la realidad. Pero lo que ocurre en el cerebro de la imagen es que se entretiene y estimula con sus propias respuestas titilantes. En lugar de expresar la verdad, excusa su comportamiento y las realizaciones no suceden. Ese es el estudiante que dice que fue una enseñanza maravillosa y luego se va a abrir la puerta cuando suena el timbre.

La consciencia y energía están creando la realidad, la ley de Dios. ¿Qué tan consciente eres y qué prefieres, las cosas reales o la realidad de las cosas? Si pidieras socorro al conocimiento y a los pensamientos prolongados — y si pudieras cabalgar un pensamiento prolongado en perfecta quietud y si lo consideraras una realidad definitiva para ti — entonces comenzarías a manifestar una vida en la que todas esas realidades se ligan a ti y te siguen como si fueran un pensamiento incidental en lugar de tener que esforzarte por ellas en el plano físico.

¿Cómo voy a lograr que hagas esto? He estado trabajando en esto todos estos años. He utilizado lo inesperado y asombroso, el dolor, el tiempo, la fatiga, el hambre, la satisfacción. He hecho todas esas cosas — a excepción de lanzarte por un precipicio — de manera que tuviste que evadir a tu nigromante, a tu imagen. El cerebro humano tiene su propio controlador, en verdad, su propio árbitro, aquello que se denomina su nigromante. Cohabita en la mente subconsciente o el cerebelo inferior, o digamos simplemente, la parte de atrás de la cabeza. El cerebro reptiliano primitivo almacena la imagen. Éste mismo da las órdenes o los edictos al hemisferio izquierdo y derecho de la corteza frontal — el frente y el centro de la cabeza.

¿Cuál es la labor de la imagen? La función original de la imagen en el humano primitivo era hacer conocido lo desconocido. La imagen tenía la habilidad de oscilar en el tiempo.

Creó el tiempo al pronosticar el futuro con la retroalimentación del pasado. Es la imagen la que sueña el sueño de añoranza. Para un verdadero maestro de la Gran Obra, la imagen es la mula de carga en su realidad. Ellos la cabalgan. Es su mula de carga y ponen sobre ella lo que ellos quieren. En tu realidad, ella te cabalga a ti.

La imagen solamente puede ocupar un espacio tridimensional. Da las órdenes al interior del cerebro y a la parte frontal para producir imágenes holográficas. Podrías decir que ambas partes de los hemisferios izquierdo y derecho en la parte frontal del cerebro son pantallas para imágenes holográficas que el cerebro reptiliano proyecta químicamente.

La memoria no está localizada en ninguna región en particular. La memoria, toda la memoria, está en cada una de las células del cerebro. Lo que ha sucedido al transcurrir el tiempo es que el cerebro reptiliano que produce la imagen es el que maneja los sentidos en el cuerpo físico. En otras palabras, él es el árbitro a cargo de todos los sentidos: los ojos, la nariz, la boca, los oídos, el sentido del tacto. El cerebro reptiliano maneja el arbitraje del sistema nervioso central, el sistema cardiovascular, mantiene palpitando al corazón. Como ha sido el que predominantemente produce genéticamente tu mente consciente, te has desarrollado en una sociedad que acepta que la realidad no es un producto del pensamiento sino una expresión sensual, y eso está conectado al tiempo. Quiero que hagas una pausa por un momento y contemples lo que te he dicho sobre el cerebro hasta ahora.

¿Sería posible que te convirtieras en alguien aislado dentro de las propias memorias que recuerdas sin ningún estimulo externo? En otras palabras, ¿sería posible que una persona intelectualmente avanzada llegue a tal grado de dudar y rechazar todo fenómeno que no sea comprobado científicamente de acuerdo con él y por lo tanto cierre las puertas a lo posible? ¿Sería posible para una persona vivir simplemente como mente/cuerpo? Sí, todos los días.

Quiero que contemples esto por un

momento. Tienes a un juez sentado en medio de tu cabeza hacia la parte de atrás. No lo sientes pero me está escuchando cuando te hablo. No puede negar que está escuchando esto y lo estoy exponiendo ahora mismo por lo que es. Es un juez, un controlador. Si me rechazas por decirte esto entonces no aceptarás ninguna otra cosa que tenga que decirte de manera que te has aislado a ti mismo para autoprotegerte y preservarte. El controlador es maravilloso porque lo único que necesita es un cuerpo. Es la consciencia mente/cuerpo. Controla toda la corteza cerebral: lo que ves, cómo lo ves, lo que hueles y cómo lo percibes, si es bueno o malo. Controla lo que escuchas: si es un sonido fuerte o suave, si es bonito, triste, feliz, malhumorado, si se siente bien o mal. El controlador se esfuerza para hacerte sentir bien todo el tiempo por lo que rechaza cualquier cosa que te hace sentir mal. La mayoría tiene que prevalecer — por lo menos tres de tus sentidos tienen que sentirse bien.

Este controlador, por virtud del conocimiento, puede memorizar mucha información. Recuerda, la memoria es química y es biodegradable. El cerebro contiene memoria química. Es posible que una persona esté aislada completamente de su Dios y de su mente subconsciente. Es posible cerrarle las puertas y mantenerte dentro de una mente tridimensional y no abrir las puertas a ningún tipo de crecimiento. Mucha gente en el mundo, del más inteligente al más ignorante, está aislada de esta manera. La única cosa imposible que existe es una mente cerrada. Esto significa que las únicas cosas que las estimulan son sus sentidos y se estimulan intelectualmente. Reflexionan y le dan vueltas y vueltas a viejos conceptos y tratan de entretejerlos con otros conceptos viejos. Individuos que tienen ésta mentalidad viven en la supervivencia. Recuerda, la consciencia y energía crean la naturaleza de la realidad.

Una Mente Abierta y la Desactivación del Controlador Supremo en Tu Cerebro

"Tu imagen es el controlador de lo magnífico. Lo que causa el despertar es cuando de alguna forma le hacemos daño a la imagen a tal grado que la mente subconsciente hace que fluya hacia adelante todo aquello que se le presenta."
— Ramtha

Esto es lo que se convierte en algo crítico y lamentable. Toda vida humana es una vestidura y un organismo exquisito que una inteligencia sublime lleva puesto. Sin embargo en cada vida singular la vestidura se usa solamente para agradar a los demás pero nunca para la exploración. ¿Cuántos de ustedes tienen vestidos y ropa que nunca permiten que se ensucien? ¿Cuántos de ustedes se deshacen de su ropa vieja y andrajosa? El controlador dentro de tu cerebro ve a tu cuerpo de la misma manera. No quiere que se ensucie, no quiere que tenga experiencias. Quiere permanecer aislado, verse bien, y ser políticamente correcto.

En cada encarnación tienes la misma consciencia antigua que transmites genéticamente. Lo que sucede es que ahora tenemos una civilización en colapso, una consciencia que se está colapsando sobre sí misma. Actualmente en tu mundo el acto sensual más importante es el sexo. Se le da más énfasis a eso ahora que nunca antes. Estamos hablando del primer sello. La consciencia desde su renacimiento ha seguido una espiral en descenso. Incluso la inteligencia ahora ha sido relegada al poder atribuir mayores y mejores maneras para la satisfacción orgásmica. En lugar de explorar la consciencia interna del ser humano, la inteligencia está dedicada al principio de preservar la belleza y explorarla para hacer un cuerpo más perfecto, un rostro más perfecto, y un órgano sexual más perfecto. Hoy en día la ciencia ha perdido de vista la evolución, de manera que se está colapsando sobre sí misma.

¿Dónde está la energía? Llegó a su renacimiento y ahora va en descenso. ¿Qué es lo que el juez, el árbitro de la civilización rechaza? Una mente abierta. Si el tema central es lo físico, entonces tu juez, tu imagen, va a rechazar una mente abierta y luchará contra el cambio.

Esto es lo que quiero que hagas. Quiero que busques una hoja en limpio y escribas todas las cosas en las que no crees — que no crees en ellas — y que rechazas vehementemente. Tienes que ser honesto contigo mismo. No puedes hacer esto para adornar tu página y verte bien y hacer que tu imagen se vea mejor o aparente ser mejor. ¿Qué es lo que no crees? No crees que la segunda realidad que te propuse sea mayor que la primera. Esa es la primera cosa que no crees. Y si no crees en eso, ésta es la segunda cosa en la que no crees: el Vacío — una vasta nada materialmente, sin embargo todas las cosas potencialmente — la constante, y no crees en la eternidad tampoco.

Estoy usando la palabra creencia libremente aquí, porque implica una conjetura, pero ¿de qué otra manera puedo hablar de la consciencia que es el juez, el árbitro? Rechaza algunas cosas y permite otras. Entonces, ¿qué es lo que rechazas y no crees? No crees en el Vacío porque has concluido que el primer viaje a la Gran Pirámide era más real que el segundo. La razón por la que digo que no crees en el Vacío es porque no existe tiempo lineal en el Vacío. ¿Qué tan rápido pensaste en el viaje? En un momento. El Ahora es el Principio Madre/Padre que le dió existencia al tiempo lineal. Tu cerebro tiene acceso al Ahora pero lo corta en segmentos de expansión lineal. Tu imagen rechaza al Vacío; rechaza el concepto de la nada.

¿Tú crees que puedes levitar? ¿Crees que lo puedes hacer? No lo crees. ¿Crees que puedes salir de tu cuerpo? ¿Aceptas eso como algo posible? ¿Qué es lo que hace tu imagen con eso? ¿Crees que puedes manifestar algo de la nada en un abrir y cerrar de ojos? ¿Realmente lo crees? ¿Crees que dentro de éste salón existe un reino superior al que puedes ver? De verdad, ¿tú crees en eso realmente? ¿Crees que Dios no existe? ¿Realmente crees que existe uno? ¿Crees que eres lo suficientemente digno para cambiar? ¿Piensas realmente que algún día te convertirás en un maestro? ¿Crees que la Tierra es hueca, ya que están haciendo erupción todos esos volcanes, arrojando magma derretida desde el núcleo de la Tierra? ¿Crees que el espacio es frío? ¿Crees que te puedes sanar a ti mismo? ¿Tienes la confianza suficiente de que lo puedes hacer? ¿Crees que la inteligencia de sabiduría que lo sabe todo vive dentro de ti? ¿Realmente crees eso o tus acciones prueban lo contrario?

¿Crees que vas a morir? ¿Lo aceptas? ¿Crees que existe un cuerpo de luz dentro de tu cuerpo, sin embargo cuándo lo has visto? ¿Crees que conocerás el gozo y la libertad? ¿Realmente crees y aceptas eso? ¿Hay espacio en ti para aceptar eso? ¿Qué dices tú? ¿Es aburrida la quietud para ti porque crees que el aquí y el ahora es la realidad? ¿Qué tanto se te tiene que empujar antes de que te des por vencido? ¿Cuál es tu punto límite? ¿Sabes cuál es? ¿En qué punto te das por vencido y bajo qué circunstancias? ¿Lo sabes?

¿Entiendes por qué te hago estas preguntas? Recuerda, la consciencia y energía crean la naturaleza de la realidad. Te pregunto estas cosas en tu propio lenguaje. He verbalizado un concepto posible. Con lo que has sido capaz de experimentar y discernir intelectualmente, has conjeturado lo que sería salir de tu cuerpo y has tomado prestada la información de otros que han tenido esa experiencia. Si no has tenido la experiencia, existe como un potencial para ti pero eso no quiere decir que sea menos real que el viaje que hagas a la cúspide de la pirámide — el camino largo, la opción numero uno. Sin embargo, es un pensamiento verbalizado. Tu cerebro sabe cómo decirlo porque lo has escuchado y lo has registrado — te incita y excita — como la habilidad de sanarte a ti mismo. No le pones mucha atención a eso hasta que no tienes una lesión y ves entonces lo indefenso que es este bulto de carne y hueso. Él lucha por su propia supervivencia y tú te esfuerzas por encontrar a alguien que lo haga sentir mejor.

Nunca se te ocurre pensar en la habilidad de tener salud continuamente, y sin embargo ahí está. Escuchaste la palabra pero nunca la has experimentado y por eso es relegada y almacenada como un recuerdo. Tú has querido encontrar tu tarjeta en el trabajo de campo cada vez que lo practicas y manifestar lo extraordinario pero dudaste de que lo pudieras hacer, sin embargo el concepto existe porque hay entidades que sí pueden hacerlo. Existe, pero no para ti. ¿Por qué no existe para ti? Porque lo estás bloqueando. No lo aceptas. Es una memoria, pero no la aceptas. Es un potencial, pero no lo aceptas.

La sanación es un potencial — es parte de ti — pero no la aceptas. No has sido cultivado de esa manera, no has sido entrenado para pensar de esa manera. Y ¿vas a morir? Sabes que todos lo están haciendo y que tarde o temprano tú lo harás también. Pero eso no te hace sentir bien. Evoca una sensación dentro de ti que causa que la parte de atrás de tu garganta se ponga salada y ácida. Evoca una emoción — justo acabas de tocar el talón de Aquiles de la imagen — y a esa emoción se le ha llamado miedo. Es una rebelión también, y por lo tanto no vas a pensar en ella. No la vas a mirar. No vas a abrazarla. Basta, basta ya. Y así es como el controlador mantiene todo bajo control. ¿Comprendes?

No crees en el Vacío. A lo que me refiero es que no crees en el Vacío porque es una conjetura, es un quizás. ¿No te parece interesante que no tomes el viaje a Egipto de dos días en un barco o avión con tu cerebro? Tu cuerpo tiene que levantarse y pasar por todas esas acciones para apaciguar éste concepto y sin embargo el concepto ya existe. Ya existe en tu cerebro. El Vacío es el pensamiento que se desenvuelve y se envuelve, y tu cerebro entretiene ese pensamiento. Únicamente toma menos de un abrir y cerrar de ojos para concebir la cima de la Gran Pirámide pero te tomará dos días y medio llegar ahí.

Indicarte que el subconsciente tiene sus conexiones a través del cerebelo inferior es una observación muy astuta. Esto significa que el conocimiento que fluye a través de todas las siete bandas se te presenta constantemente — constantemente. No solamente te están bombardeando pensamientos divinos justo en este momento sino que también estás recibiendo los pensamientos de todos los demás y están bombardeándote porque están en el colectivo social, y eso se te está presentando también. Esos pensamientos no son solamente los pensamientos de zutanito o zutanita. Los pensamientos toman una existencia macabra. Se demonizan.

Un pensamiento es como una esfera amorfa que palpita, una ameba que pulsa y se divide, y se consume a sí misma. Si la vieras con ojos humanos, dirías, "Santo Dios, soy perseguido por demonios este día."

En la gran consciencia subterránea, el cerebro está conectado al grandioso río de la totalidad del conocimiento. Si elevas la energía a través de la columna vertebral, va subiendo con un movimiento en espiral. Cuando entra en el sexto sello, el sistema pineal, prepara el área subconsciente para que despierte. El cerebro es preparado a través del séptimo sello. Cuando se abre el séptimo sello, abre la comunicación que permite saltarse al regulador, a la imagen. Ésa es la grandiosa Gran Obra porque la lucha puede ser muy ardua. Entre más cubierto en capas estés con la imagen, más fragmentado estarás con inteligencia superflua, con tus excusas, y será más difícil avanzar y vencerla. Los niños que nacen en las escuelas de antigua sabiduría son expuestos a la totalidad del conocimiento. Están completamente expuestos a la totalidad de la vida, expuestos a la totalidad del conocimiento de manera que son puros y benditos y poderosos porque su imagen está debilitada por la manera en la que son educados.

Tú educas a un niño para que sea fuerte en la imagen, fuerte en su apariencia personal. Tú educas a una niña pequeña para que sea fuerte en su feminidad, un niño pequeño para que sea fuerte en su masculinidad, y los educas para que sean opuestos y estén en desacuerdo. Derramas tu copa y la viertes en la suya. Al niño que se le expone a la totalidad del conocimiento, su imagen se debilita severamente. Ha sido perforada. La imagen es el malvado y se le golpea y lastima en su frente. Ésta herida significa que éste niño será abierto de mente y milagroso porque no está corrupto con las ceras, pinturas, y barnices que te pones para tu imagen.

Si contemplaras en tus momentos de calma aquello en lo que realmente no crees, encontrarías las claves porque te darías cuenta de que eres menos activo en esas áreas. Vas a darte cuenta de que las cosas en las que sí crees son prioridad en tus pensamientos. Las cosas en las que sobresales tienen prioridad en tu actividad mental y física. Si simplemente contemplaras esto, encontrarías una revelación, una realización, sobre por qué estás estancado y por qué te has desviado de éste hermoso camino y has caído de la Gran Obra a una fosa.

No contemplas el poder sanador dentro de ti, lo cual es la razón por la que no te sanarás. En lugar de hacer eso, contemplas el poder en ti para corregirlo y por lo tanto así será. La consciencia y energía crean la naturaleza de la realidad. Si contemplaras la habilidad de ir al centro de la tierra completamente consciente, si fueras capaz de sostener eso con un pensamiento largo, y lo cabalgaras como una mula, entonces eso sería tu realidad dinámica. En lugar de simplemente creerlo de alguna manera — sí es posible pero no nos trae a casa el pan, el vino, y el sustento de todos los días — entonces ¿qué es lo que tiene prioridad en tu realidad? La supervivencia.

Ésta vestidura que llevas puesta a través de la que te conviertes en una victima — sientes lástima de ti mismo y piensas, pobre de mí — es una actitud de un vino agrio que la imagen escupe. La razón por la que la escupe es porque la imagen ha intentado socavar tu progreso. Encuentra excusas para el progreso. Si sientes lástima de ti mismo por un tiempo suficientemente largo, crearás las realidades que te darán validez. Esa validación se convierte en la vida real que tú vives y tiene prioridad para tu atención de enfoque de modo que pone en pausa al potencial extraordinario. Cuando te digo que eres como los muertos vivientes, en verdad, que no estás despierto, me miras con tus ojos y me escuchas con tus oídos y extiendes tu brazo para tocarme y dices, "Pero te puedo tocar, puedo verte y escucharte. ¿Cómo puedes decir que estoy dormido?" Porque tu imagen es el controlador de lo magnífico. Lo que causa el despertar es cuando de alguna forma herimos a la imagen a tal grado que la mente subconsciente hace que fluya hacia adelante todo aquello que se le presenta. ¿Cómo se vierte hacia adelante? Los hechiceros de magia negra saben cómo hacerlo, y se le llama magia negra irónicamente no porque estos magos jugueteen con el Vacío sino porque el color negro es de alguna manera indicativo de la maldad.

Se le llama magia negra porque estos magos saben como ir más allá de su imagen y entrar a través de la pequeña puerta a este otro grandioso sentido. Cuando la puerta se abre, la información se hace presente. Está ahí siempre. Sobrepasa a la mente de la imagen y se presenta directamente en los hemisferios del cerebro, el izquierdo y el derecho. En cuanto hace eso comenzamos a formar hologramas y a experimentar lo extraordinario.

Cuando sucede eso la entidad pierde la personalidad y se le considera que está poseída, poseída por una fuerza que se ha apoderado de su identidad común y ha presentado algo exorbitante y distinto en la persona. La personalidad de la pobre víctima fue simplemente suprimida a tal grado que debe estar enterrándose en capas y sufriendo en las profundidades del infierno.

Cuando tu Dios emerge, no es una

personalidad. No eres tú. Tu personalidad es lo que ha sido dictado por tu imagen. Eso es lo que eres. Tu imagen tiene mucho material de donde sacar recursos genéticos de tu familia. Tiene la rejilla de la cual toma lo que necesita, y se preserva a sí misma y al libro de tu ley. Por eso permaneces en tres dimensiones. Estás dormido. Estás aprisionado en el pequeño mundo que has fabricado. Por eso no eres de amplio alcance. No eres exorbitante y extraordinario.

Si el cerebro es el receptor de todo potencial, entonces el cerebro debe adquirir conocimiento sobre el árbitro que tiene. Los niños tienen árbitros muy débiles, lo cual explica por qué ellos pueden ver lo que tú no ves y por qué pueden hacer cosas maravillosas. No están preocupados con la apariencia de su cara o de su cabello, cómo es su cuerpo, y si su ropa está sucia o no. Los niños no están preocupados por esas cosas frívolas y su imagen no se ha formado todavía. Por eso pueden hacer cosas asombrosas. Las personas mayores que ya no tienen una imagen excepto su vejez, cuando tienen un interés específico — no tienen que calibrar ese interés; algunos si lo hacen, pero no todos — y empiezan a florecer de repente porque ya pasaron más allá del punto crítico de la pubertad. Todo su enfoque está ahora dedicado a ese interés. ¿Entiendes la diferencia entre un niño pequeño y tú, la diferencia entre una persona de avanzada edad y tú?

El caso de un Autista genio, los llamas idiotas — son tus palabras — pero ¿qué significa ser un genio en tu lenguaje? Tener conocimiento. Son idiotas pero tienen conocimiento. ¿Cómo es posible que alguien a quien se le escurre la saliva de la boca y apenas puede cuidarse a sí mismo tenga tal enfoque de rayo laser y sepa lo que tú no eres capaz de saber en esta vida? ¿Qué les pasó a ellos? Lo más probable es que hayan sufrido una lesión cerebral, pero ¿en qué parte? Ellos no pueden diferenciar entre lo que está bien y lo que está mal, y la gente que no lo puede hacer tiene una imagen muy débil. Podríamos tomar a alguien con una imagen débil, como lo hacen los hechiceros con la magia negra, y hacer que fluya a través de ellos el poder del conocimiento en su totalidad. Su personalidad, de acuerdo al nivel de energía en el que viven, va a seleccionar algo y eso será su manifestación. Existen algunos Autistas genios que son criaturas violentas y miserables, pero también hay algunos que cuando la información fluye en ellos su cerebro se activa a tal grado, y está tan presente en el ahora, que son genios literalmente, pero solamente en un área de enfoque especifico y están lisiados en otras áreas.

El cerebro humano es el receptor en el cuerpo. Juega un papel muy vasto e importante en la transmutación. Es el órgano más importante que jamás haya sido creado y es el trono de la consciencia. Es el que produce las experiencias del Vacío. Mantiene una imagen para ti mientras te concentras y te enfocas en ella. En lugar de dañarlo, ¿qué es lo que tienes que conquistar con todas tus fuerzas, toda tu voluntad, y toda tu pasión? ¿Qué es lo que tienes que llevar al frente de tu enfoque? Tienes que derribar a la imagen. Lo tienes que hacer.

Éstas son las maneras en las que puedes sobrepasar a la imagen. La circunvalas si, primeramente, tienes un tipo de daño cerebral o recibiste un golpe severo en la cabeza. Eso a menudo causa que esa parte del cerebro sea deficiente y, por lo tanto, deje que la mente consciente sea inundada con información que proviene de la mente subconsciente. Si eres joven o un niño pequeño y cuentas con padres bondadosos que te presentan oportunidades de pensamiento más allá de las fronteras del pensamiento contemporáneo, ese niño aprende a temprana edad que no es su cuerpo. Ese niño aprende siendo pequeño que es consciencia, y se le enseña a contemplar una flor para entender a esa flor en particular. Se le instruye a contemplar a distancia y a describir lo que observa en la distancia. Ese niño entiende entonces que no está atrapado en el concepto del tiempo físico.

En ésta escuela te fatigas severamente para adquirir una gran cantidad de conocimiento y consumir ese conocimiento justo antes de dormir en un estado llamado alfa. La información empieza a soltar a la imagen en el estado alfa. En un estado de enfoque y quietud, es donde se desata la batalla entre la imagen y la mente subconsciente. Largos periodos de quietud y enfoque le permiten a uno vencer a la imagen.

Hay maestros que se han enfocado por diez años en tu cómputo de tiempo. Todos los días de su vida crean su día pero quizás no han tenido éxito con su enfoque. Se sientan y enfocan en el Vacío en perfecta quietud y se convierten en esa quietud. Por diez años se han convertido en esa quietud y por lo menos han logrado convertirse en estudiantes del enfoque. Saben cómo hacerlo y son adeptos en ello porque es su disciplina diaria. Al cabo de diez años sucede algo extraordinario. Entran en su enfoque sin expectativa alguna porque se ha convertido en algo común para ellos. Y en ese momento de enfoque, sucede una explosión de luz que observan desde dos puntos de percepción: uno sucede dentro de su cabeza, y el otro piensan llena el salón de luz o el entorno alrededor de ellos. Esa explosión de luz de pronto les permite desapegarse de su cuerpo físico y permite que emerja la superconsciencia. Es entonces cuando la entidad se convierte en algo mayor que su cuerpo. De pronto el subconsciente o lo que se denomina la mente de Dios se hace accesible a la entidad. Ahora sabe los pensamientos de todos y puede ver esos pensamientos. Sabe todo lo que está ocurriendo. Puede tener visión distante y saberlo inmediatamente. Puede ir a cualquier lugar que quiera — a la cima de la Gran Pirámide — y tener una visión lúcida mucho más grandiosa que la que podrían tener o esperar los ojos del ser humano porque la consciencia y energía crean la naturaleza de la realidad.

Le tomó diez años de enfoque a este discípulo de Dios para poder finalmente romper la barrera. Fue justo en ese momento que verdaderamente despertó. Quedó extasiado. Se elevó y fue liberado de su cuerpo. Nunca jamás volverá a ser prisionero del cuerpo humano.

La escuela de antigua sabiduría está aquí para brindarte conocimiento cada instante. Pero te insisto de nuevo que tienes que luchar contra tu letargo, tu pesadumbre física, todos tus sentidos, tu incredulidad. ¿Qué tanto aceptas de estas enseñanzas y qué tanto rechazas? ¿Cuánto de lo que te digo aceptas y cuánto descartas? ¿Qué tanto te beneficia y qué tanto es un perjuicio para ti en el trabajo de campo y en tu enfoque?

Te he dicho éstas cosas una multitud de veces y de repente una bella tarde lo escuchas y es como si lo hubieras escuchado por primera vez. A eso se le llama una realización. Tú admiras mi paciencia. Pero yo sé que si sigues viniendo, participando, y escuchando, vas a tener una realización, y cuando la tengas, la realización se movilizará de la parte de atrás de tu cabeza a la parte frontal. Lo que esto significa es que se mueve a la parte frontal de tu enfoque, y debido a que está llena de energía se le ha escabullido a la imagen. La realización se le escapa a la imagen y de pronto tienes una realización hermosa y te consume y te llenas de gozo. Eso fue sólo un granito de arena en la playa de la eternidad. Pero eso mismo fue lo que le pasó desapercibido a la imagen.

6. Fe en Ti Mismo en Lugar de la Duda y la Incredulidad

"El cerebro de la imagen te asignó un memorándum especial para encontrar tu tarjeta en el trabajo de campo y para manifestar lo extraordinario el cual dice, 'Eso fue una coincidencia.' Una coincidencia es aceptable pero una manifestación divina es dudosa para la imagen."

— Ramtha

Yo sé que eres incrédulo. Soy tu maestro y ya tuve mi propia vida. Ésta enseñanza es tan increíble, ¿cómo es posible que haya sido un invento? Es tan increíble, que ¿cómo podrá convertirse en algo creíble? Pero si tú me escuchas y me aceptas, entonces todo lo demás que te enseñe, aunque sea tan extravagante como lo soy yo, también será aceptable para ti. Si tú aceptas que la consciencia y energía crean la naturaleza de la realidad, entonces me confirma que hemos logrado ir más allá de tu imagen una vez más. Lo sigo reiterando una y otra vez, y te doy una sacudida y te despierto porque todavía estás en tres dimensiones. Yo soy un ser multidimensional. Yo estoy en el aquí y el ahora y en el siempre jamás. Tú estás aquí, y posteriormente estarás allá. Estás aquí conmigo ahora pero mañana tal vez no lo estés, pero yo soy constante.

Para poder llevarte a otro sentido dimensional, tienes que desechar tu incredulidad crónica, lo que te mantiene perezoso y sin participar. Eso es lo que te impide regresar, entregarte, y ser sencillo. Me esmero en hacerte sencillo pero regresas a mi mucho más complejo que antes. Me esfuerzo en dejarte limpio completamente pero tú te dedicas a volver a poner algo ahí. Cuando sigues viniendo, entre más te abres y más te presiono a que hagas algo, es cuando sucede algo glorioso: Te conviertes en alguien multidimensional en el trabajo de campo y en tu enfoque. De repente aquello en lo que te enfocaste sucedió, y reconociste lo mágico que fue eso. Ahora la imagen tiene que esmerarse en encontrar una explicación para esa experiencia extraordinaria que ocurrió. Debido a que tu imagen hizo eso, no volvió a suceder algo extraordinario por un largo periodo de tiempo. La consciencia y energía crean la naturaleza de la realidad. El cerebro de la imagen te asignó un memorándum especial para encontrar tu tarjeta en el trabajo de campo y para manifestar lo extraordinario el cual dice, "Eso fue una coincidencia." Ahora la coincidencia es una de las memorias en tu cerebro, y la coincidencia es dudosa. Una coincidencia es aceptable pero una manifestación divina es dudosa para la imagen.

Ya sabía eso de ti. Tú pensabas que estabas iluminado. Yo ya sabía con lo que tenía que trabajar. La razón por la que continua y repetitivamente te puse a trabajar en tu enfoque es porque esa es la única forma en la que podemos verificar si lo extraordinario fue una coincidencia o no. Te forcé a que te entregaras y fueras más allá del tiempo al que estás acostumbrado y finalmente te diste por vencido. Te digo que te enfoques, y tú lo haces, y sobrepasas a la imagen y así manifiestas lo extraordinario y la tarjeta en el trabajo de campo. Sin embargo, maestros, eso puede suceder en cualquier momento en un instante. El arte es entrenarte a ser más grande que el edicto de tu incredulidad y la duda en ti mismo.

Cuando tienes los ojos cerrados y la cara cubierta, eso es lo que realmente eres. Esto nace en la obscuridad porque nace en el Vacío. Es en sí mismo un pensamiento. Lo que eres es brillante, pero aquello que eres nace en la oscuridad. Vives en una prisión. Debes entender que el maestro controla su vida de maestro a través de éste proceso, a través de éste Vacío desnudo, la consciencia contemplativa. La vida espiritual de un maestro rige su cuerpo, el cuerpo no dicta su vida espiritual. Cuando te hagas más consciente a través de éste proceso, tendrás ojos que nacerán de ti mismo que nunca jamás se volverán a cerrar.

Un Ejercicio Práctico: Delineando las Fronteras de tu Aceptación

"Puedes manifestar cualquier cosa que aceptes. Vas a tener gran dificultad con aquellas cosas que no aceptes porque el cerebro humano está funcionando claramente en una modalidad tridimensional. El inicio de un maestro en la realidad tridimensional comienza con este concepto puro de que eres multidimensional."

— Ramtha

Quiero que hagas una lista de todas las cosas en las que sí crees en una hoja de papel, en particular aquellas cosas que eres capaz de hacer. Haz una lista de aquello en lo que sí puedes creer, en lo que sí crees, y de lo que has logrado hacer. ¿Qué es lo que sí aceptas? Quiero que hagas una nota al lado de cualquier cosa de tu lista, o de todas aquellas cosas que has manifestado y experimentado intencionalmente. La razón por la que te pido que hagas esto es porque te demuestra lo que eres capaz de experimentar. Te muestra tus parámetros, qué tan limitado o ilimitado eres, y la verdad que serás capaz de manifestar dentro de esas fronteras.

Quiero que le des un vistazo a tu lista. Teóricamente, si te dijera que hicieras un símbolo en una tarjeta sobre cualquiera de esas cosas en tu lista, y fueras sincero y te enfocaras en eso, entonces sucedería, se manifestaría. Si te enfocas en lo que aceptas, y entre más humilde seas para aceptarlo, más rápida y grandiosa será su realización.

Con lo que te he enseñado acerca de la imagen hasta este punto, puedes entender la importancia de ser humilde ante un concepto y de ser como un niño pequeño. Ahora entiendes por qué es más fácil para un niño pequeño entrar en el reino de los cielos que para ti, un adulto. Estás empezando a entender que tu imagen está impidiendo tu progreso. Manteniendo esto en mente, entre más incrédulo eres, menos te interesa, más perezoso y más lento eres para motivarte y responder. Esto es porque tienes que extraer un concepto que el cerebro ha almacenado en su memoria química de un potencial que ya ha sido negado por la imagen. Tienes que sacar eso y ponerlo al frente de tu enfoque, cancelando todas sus declaraciones. La razón por la que tienes dificultad para inspirarte — la razón por la que tienes dificultad para responder y por la que eres perezoso, en verdad — y tienes tantas otras cosas estorbando tu camino, es porque ese concepto singular ya ha sido etiquetado y bautizado como algo inaceptable. Ha sido rechazado. Cuando extraigo de tu memoria un concepto que intentaste experimentar alguna vez pero no tuviste el conocimiento o la confianza suficiente dentro de ti, y fracasaste rotundamente, como habías esperado que lo harías, entonces ese concepto ya ha sido recubierto y codificado con este edicto: No va a ocurrir. Estamos tratando de extraerlo y llevarlo hacia adelante e intentamos inspirarte. ¿Por qué no te puedes inspirar? Porque hay un juicio en contra de ese potencial.

Si hago que te enfoques en algo y no tienes ganas de enfocarte en eso, ¿qué es aquello dentro de ti que no quiere hacerlo? Esto sucede porque no crees en ello.

Cuando te pido que mantengas puras las enseñanzas, eso es exactamente a lo que me refiero. Cuando mantienes las enseñanzas puras y las internalizas, te mueves entonces a tu siguiente experiencia y experimentas eso. Tomas la filosofía, la aplicas teóricamente a una experiencia, y cuando funciona, obtienes la magia como resultado de la experiencia. Te has deshecho de la imagen de una vez por todas.

Esto funciona, pero cuando no estás listo para ello, tratas de hacer que suceda y utilizas sabiduría convencional, o lo comentas con alguien más y ellos lo alteran con su percepción y sus edictos. Cuando regresa a ti, está cubierto con su opinión y ¿dónde se formó su opinión? En su rejilla. Si esa persona no tiene conocimiento de la experiencia, no tiene sabiduría, sólo palabras vacías, entonces la persona fracasa rotundamente en la experiencia. Y cuando la entidad fracasa porque no ha sido preparada para eso, el cerebro lo registra como una experiencia que es juzgada como algo negativo o como un fracaso.

Regresas a mis enseñanzas e intentas inspirarte de nuevo y encontrar lo que alguna vez tuviste dentro de ti. Y la única manera en la que podemos hacer eso es purificándolo. Para lograr purificarlo tenemos que llevarlo al frente y enfocarnos en ello a pesar de tu letargo y de lo que deseas. Tenemos que enfocarnos en ello frente a todo. Cuando ha sido sostenido en enfoque y estás listo para experimentarlo en tu realidad, entonces ha sido purificado. A esto se le llama la purificación de fuego. Esto significa que tenemos que sacar a rastras esta maravillosa enseñanza de la memoria de tu mente, llevarla al frente y hacer que te entusiasmes con ella, pero tú no quieres hacerlo. Tenemos que mantenerla ahí en contra de tus hábitos, tus ganas de comer, y todos tus apetitos sensuales. Tiene que ser sostenida ahí toda la noche. Cuando se manifiesta poco después de esto es cuando la hemos purificado y la hemos hecho algo absolutamente aceptable una vez más en lugar de seguir negándola. Las enseñanzas han de mantenerse puras y han de guardarse dentro de ti. No las compartas ni las comentes con otros maestros porque si lo haces, las contaminarás y nunca podrán suceder.

Puedes manifestar cualquier cosa que aceptes. Vas a tener gran dificultad con aquellas cosas que no aceptes porque el cerebro humano está funcionando claramente en una modalidad tridimensional. El inicio de un maestro en la realidad tridimensional comienza con este concepto puro de que eres multidimensional. Sólo estás bloqueado de una vida fantástica porque has sido contaminado y el concepto de lo desconocido te da miedo. Lo desconocido para ti es como morirte, y la razón por la que te da miedo morir es porque no puedes predecir lo que serás o a dónde vas a ir. No tienes control sobre eso porque perderás tu ser sensual que determina la realidad. Y si se descompone y se convierte en gusanos, ¿cómo serás capaz de ingerir tu próximo entorno?

Si no tienes un cerebro humano en el siguiente cuerpo después de la muerte, ¿cómo vas a ingerir la realidad? La razón por la que entidades se convierten en maestros es debido a que despliegan a su Dios y eso los hace inmortales. Pueden ahora mantener este cuerpo por siempre jamás como su vehículo de expresión pura sin tener que morir nunca más. La razón por la que han hecho eso es porque han abierto su cerebro a una superconsciencia que produce un estado de supermente. Esto se logra desactivando a la imagen. ¿Cómo logramos esto en mi escuela? A través de conocimiento — primero filosóficamente, teóricamente — y luego experimentando ese conocimiento.

Si tu mente ha sido solamente tridimensionalmente humana, ¿sería capaz de tomar conceptos extraordinarios de otra forma viviente y aún así registrar esa información en el cerebro humano existente? ¿La mente, se origina en el cerebro humano o es en realidad un producto de él? La mente es un producto del cerebro. Muchos de ustedes aceptan que podrían ser algo diferente y tener una experiencia transcendental. ¿Acaso eso hace que tu mente sea dimensional? No, no lo hace. Eso expande la mente. Convertirte en otra criatura o en otro ser viviente dentro de un plano tridimensional continúa manteniendo tridimensional a la mente. Lo que sí hace es comenzar a derribar las barreras de la imagen.

Si te puedes convertir en el gran roble junto a un arroyo de plata líquida y conoces lo requerido para ejercer la magia de convertirte en el águila en las alturas sobre el viento, si sabes lo que se necesita para transformarte en una mariposa o en un búho blanco, entonces tienes la habilidad de transmutarte de esta forma de vida a otra y mejorar a esta forma viva en el proceso. Si puedes hacer eso, el principio fundamental de convertirte en una entidad multidimensional comienza cuando despertamos a esta consciencia, la sacamos del cuerpo, la colocamos en otra cosa, y la dejamos cobrar vida. Si cobra vida y experimentas esa cosa, entonces estamos lentamente desapegando a la consciencia de este cuerpo, e incluso también lo estamos desapegando de este cerebro. Si logramos desligar a la consciencia de este cuerpo significa que nos hemos vuelto multidimensionales, y si podemos salirnos de éste marco corporal, podremos salirnos de éste tiempo.

Ésta es la diferencia. Una mente multidimensional tiene la habilidad de experimentar en este momento la cúspide de la Gran Pirámide. Una mente tridimensional tiene la habilidad de experimentar la cima de la pirámide en dos días y medio. Si una entidad fuera capaz de convertirse en un ave y volar ahí en dos semanas, seguiría siendo una mente tridimensional, aunque sería una mente tridimensional ilimitada.

7. El Cerebro Reptiliano y el Cerebro Sagrado

"El cerebro crea el realismo fantástico porque es un receptor. Éste cerebro puede captar el Infinito Desconocido y procesarlo como un Cristo. El cerebro puede hacer cualquier cosa porque el cuerpo está diseñado para albergar una consciencia grandiosa."

— Ramtha

Envuelto dentro del cerebro reptiliano a través del sistema nervioso, como lo hemos estudiado, se encuentra la mente sagrada o el cerebro sagrado. En la neocorteza reside toda la habilidad consciente del cerebro, que produce los sentidos de la vista, el olfato, el gusto, la audición, y el tacto. El cerebelo inferior en tu cerebro está en contacto constante con todas tus bandas, desde su comienzo en el Vacío.

Cada uno de los niveles de las bandas muta el pensamiento en su potencial y tiempo. Un pensamiento que nace en el cuarto nivel pasa completamente a través de la luz visible en su trayecto al cerebro. El infrarrojo es un área elevadamente psíquica. Los pensamientos que nacen ahí comienzan a despertar al individuo, pero todos los pensamientos que entran al cerebro son bloqueados y no pueden subir al cerebro. En todo momento estás existiendo en otros tiempos. Estás en el infrarrojo, en la luz visible, todo el trayecto hasta el Punto Cero, y estás experimentando el pensamiento en diferentes tiempos en el mismo momento. Solamente aquí en el plano físico es donde se realiza en la tercera dimensión, y la tercera dimensión se determina con los sentidos del organismo humano.

Cuando hablo contigo, soy una consciencia que abarca todos los siete niveles del espectro electromagnético que está siendo impresa en el cerebro de mi canal. Estoy alrededor de este cuerpo. Toda mi frecuencia está alrededor de este cuerpo. Estoy hablando y utilizando el mecanismo de este cerebro desde la parte de atrás de la cabeza. Tengo acceso a todo el conocimiento almacenado en la neocorteza para poder articular el lenguaje. Cuando opero con este cuerpo, lo estoy manipulando a través de sus sellos, utilizando el cerebro por la puerta de atrás. Cuando comenzamos a despertar multidimensionalmente, tienes que venir y cubrir tus ojos con un antifaz, desconectarte de todos tus sentidos, y estar completamente quieto. Cuando despiertes como una entidad interdimensional vas a despertar como un cuerpo en otras dimensiones más allá de la realidad tridimensional.

En el futuro no muy lejano vas a hacer tu primer viaje extraordinario en esta escuela como un ser consciente y te vas a mover entre este plano y el de la luz visible, manteniendo todas tus facultades intactas. En ese plano vas a recibir una confirmación de que visitaste un lugar distante, y esa va a ser una de tus pruebas. Eso te desplaza fuera del calibre del pensamiento lineal y te vuelve dimensional. Todas estas bandas alrededor de ti te ofrecen información constantemente, sólo que este continuo es un estado presente en el Ahora. Ya sabes todo lo que hay por conocer porque tu Dios te está proyectando todos esos niveles, imprimiéndolos en su vestidura para que lo puedas experimentar y articular. Pero se está bloqueando justo en el cerebelo inferior por la acción misma del filtro del que hablamos hace un momento.

Los pensamientos de todos viven en la banda de la luz visible — banda alta, baja, o mediana. Captas todos los pensamientos que están de la luz visible para abajo. También estás captando todos los pensamientos que te llegan del Infinito Desconocido. Es obvio que tu imagen tiene un propósito específico. No te permite saber ciertas cosas que están a tu alrededor continuamente porque no estás listo para saberlas y no te incumben. Tu imagen no te permite que sepas que alguien está teniendo malos pensamientos sobre ti. No te deja saber que el futuro que has creado quizás vaya a terminar mañana en la mañana. La imagen filtra todo eso para que no lo sepas. Te mantiene solamente en lo que es aceptable, lo que es aprobado que hagas día a día. Tú simplemente planeas ese pequeño día y cuentas con él y de repente quieres saber, "¿Por qué no me di cuenta de que eso sucedería?" No lo viste venir porque no has hecho ningún esfuerzo para cambiar el filtro dentro de tu cabeza. La imagen tiene un propósito para los que no están iluminados. Les prohíbe entrar en los planos desconocidos porque no están preparados para la travesía.

Muchos de ustedes todavía no están preparados para ésta travesía porque aún piensan que la opción principal para ver la Gran Pirámide tomaría dos días y medio. Si no estás bien preparado, no podrás saber los pensamientos de todos porque eres demasiado emocional. No puedes saber los pensamientos de toda la gente y lo que realmente piensan de ti porque no eres objetivo. Eres subjetivo, lo que significa que todos herirán tus sentimientos, porque nadie te dice la verdad y todo el mundo está jugando juegos. En verdad lo están haciendo. Todos ustedes lo están haciendo. Para ser capaz de ver y saber eso, si no estás listo para saber cuál es la verdad realmente, entonces eso te destruiría.

Muchos de ustedes todavía tienen problemas para lidiar con su pasado, para enfrentar su victimismo. Muchos de ustedes todavía cargan con sus traumas y no los quieren dejar ir. Y si no los dejas ir y en verdad no quieres desprenderte de tu pasado, se te prohíbe ir más allá de la puerta que se abre en el cerebro para experimentar estos otros planos que se te están presentando continuamente. El infierno y tormento más grande que alguien podría jamás experimentar es saberlo todo, y tú no estás listo para saberlo.

Si fueras capaz de ver los pensamientos y te tropezaras con alguien que tiene pensamientos malignos en contra tuya o pensamientos decadentes, si pudieras ver esos pensamientos como cosas reales, los percibirías como demonios. Te parecerían cosas horribles, duendes demoníacos. Y donde quiera que vieras, verías sombras de personas en el mundo, pero los demonios o pensamientos que están en el mundo te parecerían más reales que las personas en las que existen. ¿Estás listo para ver eso?

Recuerda, lo que determinas como algo real — quieres ser capaz de verlo, saborearlo, olerlo, y abrazarlo — si eso es lo que determinas como algo real, no serás capaz de conocer lo que está prohibido. Si, en lugar de eso, has tomado la postura de que lo que existe en el cerebro es la realidad — es la ley, el dador de la vida — si la consciencia crea tu vida en lugar de que tu cuerpo esté creando tu vida entonces estás listo para saber lo prohibido. Cuando estés listo para pasar por la puerta, entonces vas a poder determinar las realidades que estés viendo frente a ti inmediatamente. Vas a ser capaz de entender que esos demonios son pensamientos, formas de pensamiento, proyecciones de la gente, y las cosas que les roban su energía. Vas a poder ver claramente lo que ocupa el centro de su enfoque y los vas a ver. Estarás listo porque estarías preparado para ver el pensamiento en lugar de la forma misma, o sea, el ser humano. Cuando eso se convierte en tu realidad, entonces puedes ver todo lo que predetermina la vida en lugar de ver el resultado de la vida misma.

Cómo Convertirte en una Mente Dimensional

"Para convertirte en una entidad multidimensional, tienes que dejar atrás el concepto de lo físico y estar dispuesto a renunciar a esta imagen y sus ideales para poder correr con los vientos del mañana."

— Ramtha

El cerebro crea el realismo fantástico porque es un receptor. Éste cerebro puede captar el Infinito Desconocido y procesarlo como un Cristo. El cerebro puede hacer cualquier cosa porque el cuerpo está diseñado para albergar una consciencia grandiosa. Pero también está diseñado para hacerte susceptible a editar las cosas y al juicio. Puedes vivir toda tu vida sin saber lo que es desconocido. El área infrarroja, hasta el área de la luz visible, es donde se experimenta la consciencia social. En toda el área del cerebro medio, inmersa en el infrarrojo, es donde encuentran sus habilidades aquellas personas que son psíquicas. No cuentan con sus habilidades más allá de la luz visible.

Ir más allá de la luz visible no es solamente estar consciente de la gente y sus pensamientos sino de otra dimensión. Más allá de la luz visible, de los primeros tres sellos, es donde existe lo fantástico. En los primeros tres sellos existe lo incitante, pero no lo fantástico. Cuando te digo que usas menos de una tercera parte de tu cerebro, es claramente cierto, porque si el cerebro fuera capaz de compensar y utilizar todas estas bandas y convertirlas en hologramas, entonces serías capaz de formular una pregunta sobre lo desconocido. Y si te enfocaras en ella, entonces la manifestarías y se convertiría en parte de tu vida.

Obviamente todos ustedes tienen a Dios, todos tienen la habilidad de realizarse y despertar — cada uno de ustedes. Hay varios grados de despertar de acuerdo a cuánto es lo que dudas y qué tan fuerte eres en tu intelecto de supervivencia. Si eres fuerte en tu cuerpo, entonces serás débil de Espíritu. Si eres fuerte de Espíritu, muchas veces el cuerpo parecerá ser débil porque el enfoque no está en el cuerpo; el enfoque está en la consciencia.

En una mente dimensional, si aceptas lo que vas a aprender y eres lo suficientemente humilde para aprenderlo, te voy a enseñar a ser una entidad capaz de poseerse a sí misma fuera de sí y poseer la mente de otra cosa. Para poder ser un roble o un águila, vas a tener que aprender cómo iniciar esa magia, y en verdad es magia. Una vez que te das cuenta de que puedes experimentar eso, voy a cerciorarme de que los mensajeros de lo que experimentes vengan a tu vida, de manera que se conviertan en un símbolo, no con el objetivo de que estén simplemente ahí, sino para que te digan a ti y a tu juez, "¿Ves? Esto es verdad." Una vez que logre llevarte más allá de tus pensamientos limitados, vamos a trabajar en aquello que no crees y vamos a obligarlos que broten a la superficie. Voy a enseñarte cómo manifestar aquello en lo que no crees.

Cuando te conviertes en alguien dimensional, tienes que dejar atrás el concepto de ser el cuerpo. Para convertirte en una entidad multidimensional, tienes que dejar atrás el concepto de lo físico y estar dispuesto a renunciar a esta imagen y sus ideales para poder correr con los vientos del mañana. Si no lo haces, entonces tendrás que vivir otra encarnación pensando que mis enseñanzas eran verdaderamente hermosas, aprendiste muchísimo, y enriquecieron tu vida, pero, nuevamente, nunca hicieron lo necesario para cambiar tu vida.

Los vientos del cambio son equivalentes al crecimiento porque la única manera en la que vas a obtener una vida más fantástica es al adquirir un poco más de conocimiento. Si no incorporas conocimiento dentro de tu manera de pensar — conocimiento fabuloso, conocimiento increíble — no contarás con el programa de la aceptación para poder enfocarte y manifestar esa realidad en tu vida.

Los constructores de sueños, los soñadores, son gente que se entretiene con sus fantasías y saben que están soñando despiertos. Han aceptado que sólo están soñando despiertos pero nunca van más allá y si te entretienes soñando despierto, así será también tu vida. Si tuvieran ese paso adicional de conocimiento, entonces aquello en lo que se entretienen soñando despiertos se convertiría en su vida. El cambio — quiero que cambies porque quiero que sepas que eres más que solamente un montón de células y fluido, cerebro, hueso y médula. Quiero que sepas que eres más que el cabello y los ojos, la saliva y la comida, la digestión y la indigestión.

Quiero que sepas que la consciencia y energía, el poder para crear, reside dentro de ti. Deja de enfocarte en tu carencia y enfócate en lo extraordinario. Deja de enfocarte en la supervivencia — enfócate en el conocimiento — ya que cualquier cosa que tenga prioridad en tu atención la vas a experimentar. La razón por la que todos ustedes están atrapados en los viejos lugares de antaño es debido a que esos viejos lugares son tentadores porque son sensuales por naturaleza. Es por eso que ocupan tu cerebro. Tu cuerpo te está manejando en lugar de tu manejar al cuerpo. Cuando comprendas que tú puedes cambiar tu vida, enfócate en cambiarla y cambiará.

Enfócate en el gozo. Te aseguro lo obtendrás con las revelaciones y te embriagarás con los potenciales. Te aseguro que no querrás salir de tu enfoque, porque habrás encontrado el reino de Dios ya que tendrás el conocimiento. Las revelaciones te llegarán: "Estoy en medio de un fuego sagrado; Estoy en el ojo de Dios; Estoy aquí. Dios mío, ¿qué es lo que yo sé? ¿Qué es lo que he aprendido? Déjame enfocarme en lo que he aprendido en el centro de este ojo para que en este enfoque fantástico llegue a saber que al permanecer en este lugar eso se va a manifestar para mí porque, Dios mío, ya ha sucedido."

La razón por la que no vas a la cima de la Gran Pirámide es porque nunca has estado ahí conscientemente. Esforzarte en ir ahí físicamente significa tomar trenes de vapor, tiempo, preparativos, y manipulación. Cuando vengas a aprender la Gran Obra, ven empoderado con la aceptación de creer. Ven sabiendo que no hay cosa alguna que valga la pena no creer en ella. Si lo puedes creer, significa que lo puedes aceptar, y si vienes a mí con aceptación, podrás experimentar un realismo fantástico como lo experimenté yo.

Tu Rejilla Genética y el Misterio del Yo

"No vas a experimentar ningún conocimiento divino a menos que te enfoques en él y lo lleves todo el trayecto hasta la mente consciente, lo cual significa que logró ir más allá del dominio del juez o de la imagen."

— Ramtha

La consciencia y energía crean la naturaleza de la realidad. Esta es la piedra angular en esta escuela. El otro pilar es que Dios está dentro de ti, lo cual significa lo mismo. Pero el ser, ese misterio que define todo lo que aceptas y crees — y luego escribir todas las cosas en las que no crees — te da una comprensión muy clara acerca de lo que ha sido tu vida y por qué ciertas cosas parecen evadirte en tu vida. Tu aceptación y en lo que crees han ayudado a formular tu destino, en conjunto con tu rejilla genética.

Cuando utilizo el término la rejilla, me refiero a una rejilla que parece una red de alambre muy fina. La representamos linealmente pero en realidad son pequeños bloques, y a cada uno de éstos lo llenas con cierta información, empezando contigo en el centro, tu madre, las creencias religiosas de tu madre, tu padre, las creencias religiosas de tu padre, la más valioso para ti, lo menos valioso, y así sucesivamente. Cuando terminas de construir esto tienes una descripción viva de lo que tu editor o tu imagen hace con la información que te llega. La filtra a través de esa rejilla.

Esta enseñanza sobre la rejilla te hace ver algunas de las raíces de tus limitaciones. Esas raíces, esa rejilla, se convierten en el libro fundamental de tu ley a través del cual tu imagen en tu cerebro, en tu cerebro reptiliano, fluye y filtra todo.

Si contemplaras la clave de la aceptación, lo que crees y lo que rechazas, junto con la rejilla con la que naciste genéticamente, entonces vas a comenzar a formular ciertos criterios para este cuerpo, para la vestidura que habitas hoy, con la cual todo debe coincidir para poder transmitírselo a la mente consciente. Si se transmite a la mente consciente, eso significa que lo vas a experimentar en tu vida. No vas a experimentar ningún conocimiento divino a menos que te enfoques en él y lo lleves todo el trayecto hasta la mente consciente, lo cual significa que logró ir más allá del dominio del juez o de la imagen. Si logra ir más allá y se conecta en el cerebro, entonces habremos manifestado el destino. Ahora tenemos la vida real. Estamos hablando sobre lo que tú crees, lo que aceptas como verdadero, lo que rechazas, y en lo que no crees.

¿Qué pasa con una persona que intelectualiza todo o un teórico que contempla todas las cosas intentando llegar a la verdad científica pero sólo llega a una teoría? ¿Por qué esa persona no tiene la experiencia? Si llega a su mente consciente, o sea, llega a la neocorteza en su cerebro, ¿por qué no le sucede eso en la realidad? Porque cada pequeña cantidad de conocimiento que ha adquirido el intelectual o el científico, sin importar quienes hayan sido sus maestros, tuvo que ser filtrado a través de la rejilla o la red de alambre de la imagen en el cerebro reptiliano. Si se filtra por ahí y pasa a través de la rejilla donde todo es conjetura, nada es real verdaderamente, entonces eso se convierte en el criterio del conocimiento. La manera más segura de llegar a una suposición en la vida es nunca participar en ninguna de ellas. Puedes tener personas muy brillantes que tienen vidas muy aburridas porque no creen que nada de lo que aprenden puede convertirse en algo subjetivo para ellos mismos. Podrías tomar a otro individuo, a un niño pequeño, y exponerlo a los mismos conceptos, excepto simplificados. Para un niño que ha sido educado hasta cierta edad en la que todas las cosas son aceptables — o sea que éstas son vistas con aceptación — esa experiencia le permite la interpretación subjetiva de esas cosas. Cuando expones a un niño al mismo conocimiento que tiene la persona intelectual, ese conocimiento va a pasar por el cerebro reptiliano — que no ha sido definido todavía — y pasará a través de un corredor llamado la aceptación. El niño entonces se da cuenta de que lo que aprende, lo va a experimentar. De manera que a medida que el niño aprenda esto, todas las cosas que aprenda, sucederán en su vida como por arte de magia.

Por otra parte, tenemos al lamentable científico brillante que ha envejecido y, pensamiento tras pensamiento, no puede entender por qué nunca ha sentido la euforia que su mente contemplativa ha determinado para esos pensamientos y no comprende por qué el mundo celebra su inteligencia. Y sin embargo es como si esta persona estuviera hambrienta de vida porque carece de la experiencia subjetiva del conocimiento.

Cualquier cosa en la que te enfocas, es. Cualquier cosa en la que te enfocas se crea. Si te mueves a través de la creación y experimentas la creación, ahora estás cumpliendo el postulado de por qué estás aquí: para hacer conocido lo desconocido. No solamente son el cuerpo humano y éste órgano magnífico, el cerebro, capaces de sostener un pensamiento por siempre a través del proceso de su memoria sino que son capaces de construir pensamientos conscientemente para crear conceptos nuevos. Si se sostienen en el enfoque, la ley dice que aquello que se mueve sobre la superficie del Vacío, el Vacío tendrá que convertirse en ello. Si lo sostienes en tu lóbulo frontal, ejerces una energía que tiene un patrón y un ideal en él. Ese patrón y esa idea crean de la nada tu próxima experiencia valiosa en tu vida.

El cerebro es muy, muy sencillo y sin embargo un misterio tan complejo que casi es insondable.

Es incomprensible para una mente intelectual el hecho que el ser humano sea responsable de la realidad porque la mente intelectual ha aprendido, a través de su rejilla, que es su cuerpo. Por lo tanto, está sujeta a su entorno, en lugar de ser lo contrario. El intelectual dice que el cuerpo está sujeto a la naturaleza. El estudiante de la Gran Obra dice que el entorno está sujeto a la naturaleza de la mente.

Un científico verdaderamente iluminado, cuyo paradigma de pensamiento no consistiría en teorías sino que estaría basado en la experiencia subjetiva, sería capaz de enseñar una instrucción filosófica. Y aquellos que estén listos para escucharlo tendrían que estar preparados para poner de cabeza sus pensamientos de imagen y percibir que lo divino y el misterio del universo no existen fuera sino dentro del humano.

Volvamos de nuevo a tus creencias e incredulidad. Cuando al principio aparecí ante mi canal, me di cuenta que su vocabulario y el tuyo no solamente estaba repleto de palabras que no exaltan a la persona sino que de hecho la condenan. La fe era una de esas palabras. La fe ha sido programada así y está en la rejilla. Está en la rejilla de tu madre, en la rejilla de su madre y en la de su madre antes que ella, en la de todos sus padres, y en la del padre que produjo esas tres generaciones. Esa palabra está en todas sus rejillas. La fe y la creencia se han convertido en palabras corruptas, que usualmente indican que el pequeño ser humano debe asumir con fe la voluntad de Dios. Se te ha enseñado que la voluntad de Dios existe fuera de ti, no dentro. Si se le enseña al pequeño ser humano que Dios existe dentro de él, entonces la fe y la creencia cobran una connotación poderosa, pero aquí estas palabras se han corrompido. Uso estas palabras, creencia, fe, en tu favor pero con renuencia, porque cuando te las digo, tú las escuchas, y tu memoria las está asociando en tu cerebro con la disociación. La fe de hecho significa disociación, o sea, que Dios está fuera de ti. Regresando a tus creencias de disociación, esto es equivalente a qué tipo de vida vas a tener. Si no crees o aceptas ciertos principios, tú serás el estudiante que tendrá más dificultades en la Gran Obra. No hay ninguna otra razón para eso.

No es debido a quién hayas sido antes o por qué tienes un problema conmigo como tu maestro. No es ninguna de esas cosas esotéricas, no es nada de eso, en absoluto. La incredulidad de que eres divino y que en verdad tienes la habilidad de hacer lo imposible es lo que te está perjudicando. Si fueras sincero contigo mismo y escribieras la lista que te pedí que hicieras, sabrías que la lista cambiará y evolucionará y será distinta con el tiempo. Será diferente el próximo año, te lo aseguro. Si escribieras lo que aceptas y no aceptas, entenderás por qué tienes dificultad en el trabajo de campo, en el enfoque, en el Vacío, y para manifestar.

Vas a aprender cosas fantásticas que cambiarán tu forma de pensar acerca de ti mismo y, obviamente, acerca de tu vida. Tu vida solamente ha sido lo que ya has sido, porque lo que has sido es la rejilla de lo que aceptas y lo que no aceptas. Eso es lo único. La realidad sólo puede florecer de una tierra fértil. Si no has fertilizado tu tierra con potenciales y opciones, entonces lo único que jamás florecerá en tu vida es lo que es fácil de pronosticar, lo mundano, las funciones de tu cuerpo día tras día, la supervivencia. En la supervivencia no sobrevive la superconsciencia, sobrevive la consciencia del cuerpo.

Maestro, si has escrito tu lista y la contemplaste, entonces este día has cambiado porque ahora te has dado cuenta de algo muy valioso. Te diste cuenta de que dentro de ti existe un mecanismo que tiene el propósito de cambiar todas las cosas y todas las personas en tu vida. Dentro de ti, de hecho, existen órganos delicados que son responsables de captar ondas de alta frecuencia y transmutarlas en imágenes holográficas. Tienes dentro de ti un organismo en el cual la consciencia puede existir temporalmente, pero puede existir a final de cuentas.

Cuando observaste tu incredulidad, ¿te sorprendió e iluminó? Cuando viste las cosas que aceptas, ¿te cogió por sorpresa y te llenó de alegría? Que así sea. ¿Sabías que al escribirlo le das permiso para que suceda aún más rápido? Ahora estás empezando a entender por qué tu vida es como es.

Estados Alterados de Consciencia a través de las Drogas y el Alcohol

"Aquellos que en el pasado han tomado bebidas alcohólicas, drogas, para estimular un efecto que altere la consciencia, son personas que tienen la estimulación ilusoria de la preocupación. La preocupación, el miedo, cobran prioridad y están justo en su lóbulo frontal. Todo lo que ven está influenciado por el dolor, la preocupación, la aprehensión, y por lo tanto su realidad produce esas cosas."

— Ramtha

¿Estás comenzando a comprender uno de los pequeños misterios acerca del enfoque y la disciplina de la respiración de poder en la postura de C&E®? ¿Comprendes por qué esto es necesario en relación con el cerebro humano? Cuando cuentas con entendimiento, entonces tienes menos resistencia para ello.

¿Sería acaso posible que, de hecho, estés inmerso en potenciales y posibilidades y que, en verdad, estés inundado con pensamientos que son casi incomprensibles? ¿Sería posible que estés caminando en otras dimensiones pero solamente reconoces tres? ¿Vive acaso alguien más en ti de quien no hemos oído hablar nada todavía? Si la personalidad y la mente consciente dictan quién eres de acuerdo con el comportamiento genético, entonces la vestimenta que llevas puesta en esta encarnación tiene sus propios bordados y joyas, sus desgarros y defectos. Sin embargo, la vestidura de carne que llevas puesta también tiene su propia consciencia. Es posible que exista alguien más en ti, viviendo inmerso dentro de la vestidura, quien la mayoría de las veces tiene muy poco que decir acerca del comportamiento de la vestidura.

Sin embargo, si tu enfoque está solamente preocupado por tu cuerpo y su funcionamiento para tener éxito en ésta vida — ser un buen marido o una buena esposa, un buen padre o un buen hijo, un mal hijo — si todo tu enfoque tiene que ver con esta vestidura y sus actividades, entonces nunca te has conocido en verdad. ¿Sospechas acaso que existe otro aspecto de ti mismo que te estás perdiendo? Si lo reconoces, entonces has abierto tu mente al concepto del ser. Llamémosle a eso Dios, el ser divino, la inteligencia divina de toda la sabiduría y el conocimiento. ¿Existe otro cuerpo dentro del tuyo que aún no ha sido utilizado? ¿Acaso la vestidura tiene un forro de seda escondido? Sí que lo tiene.

¿Has sentido alguna vez que algo está sucediendo, y te inquieta, pero cuando te enfocas en lo que podría ser, y buscas una respuesta, no la puedes encontrar? ¿Te cuesta trabajo recordar todas las partes de tus sueños? ¿Te ha pasado alguna vez que una impresión llega al centro de tu cabeza, y sabes que está ahí, pero a medida que empieza a surgir e intentas enfocarte en ella desaparece? ¿Te has sorprendido alguna vez recibiendo el conocimiento de algo en tu vida cotidiana como si fuera algo que se filtra inadvertidamente? ¿Supiste algo repentinamente, o miraste a alguien y fue como si vieras a través de sus ojos?

La mente subconsciente, o la mente consciente más grandiosa, está enterrada debajo de las capas de la superficie de lo que sucede en la neocorteza. Aprender a ser transcendental es tan simple como aprender el arte del enfoque y adquirir el conocimiento para enfocarse en eso. Es así de simple. Los individuos que se sientan muy quietos y van a su interior por periodos de tiempo han edificado una experiencia en la que han excluido la vida cotidiana y un silencio comienza a rugir dentro de su ser. Están abriendo la puerta lentamente a otra cosa, al surgimiento de algo. El cambio es tan simple como aquello en lo que te enfocas en la quietud de ese enfoque.

Estás inconsciente porque todos los días, cada momento de tu vida está dedicado al estímulo. Los ojos, la nariz, la boca, los oídos, el cuerpo son estimulados y todo tiene que ver con que sea un buen día. Muchos de ustedes se esfuerzan por tener un buen día, lo que significa que estás utilizando a tus sentidos para estimularlos y tener un buen día. Si pudieras poner eso a un lado y te despojaras de todo — la comida, los espejos, la ducha, el festín, el paisaje — y no existiera nada más que el silencio, entonces podrías presentarle otra cosa a tu enfoque y colocarla justo al frente de tu mente. Si te enfocaras en eso, sobrepasarías a la imagen porque estarías circundando la estimulación.

Aquellos que en el pasado han tomado bebidas alcohólicas, drogas, para estimular un efecto que altere la consciencia, son personas que tienen la estimulación ilusoria de la preocupación. La preocupación, el miedo, cobran prioridad y están justo en su lóbulo frontal. Todo lo que ven está influenciado por el dolor, la preocupación, la aprehensión, y por lo tanto su realidad produce esas cosas y dicen, "¿Lo ves? Esto es lo que me está pasando." Está sucediendo porque ésto es lo que ocupa su lóbulo frontal. Buscan un estímulo para eliminarlo y el estímulo los apacigua y los libra de ese punto de enfoque. Tú haces lo mismo con tus hábitos todo el tiempo. Estos hacen que el cerebro sea incoherente. Causan el mal funcionamiento de las fibras nerviosas de las cortezas frontales y empiezas a sentir una ligereza extraña. Cuando sientes eso, la preocupación desaparece y piensas, "La única forma en la que puedo tener un alivio y escapar de mi realidad es tomando esto que afecta a mi cerebro y hace que lo que me preocupa desaparezca." Y aparentemente desaparece.

¿Has intentado alguna vez preocupar a un borracho? Nunca se preocupan de nada.

¿Por qué habrían de hacerlo? Se ríen de ti si se los preguntas. Son ustedes los que tienen la angustia en su lugar. Esto es una enfermedad y se la puedes contagiar a los demás. Te liberas de eso cuando estas borracho por lo que esto se convierte en un estímulo para liberarte de tu mundo y vivir en una nube. Hay otros que consumen drogas que alteran la química del cerebro, lo que significa que le dan al cerebro cierta cantidad de estímulos químicos. Sobrecargan el sistema nervioso central con un químico y eso deja exhausto al cerebro. Lo que sucede es el cerebro empieza a malinterpretar la información. De repente escuchas las alas de un ave en lugar de verlas. Algunos le llaman a eso una visión pero lo que te sucede es un colapso químico. Eso es lo que estas experimentando. Lo tienes todo revuelto en el cerebro. De repente los oídos se convierten en los ojos, los ojos se convierten en los oídos, y el cerebro no sabe cómo interpretar nada. De pronto el mundo está de cabeza — y por supuesto siempre lo ha estado — y el cerebro siempre ha tenido que corregirlo de acuerdo a la manera en que lo viste.

Algunas personas lo hacen porque dicen que las libera, pero lo único que hacen es que con el tiempo le hacen daño a la materia cerebral. Lo único que están tratando de hacer es cambiar su punto de enfoque. Los que buscan la iluminación por éste camino intentan cambiarlo químicamente. Produce visiones y puede estimular al cerebro, sin embargo, podríamos abrir tu cerebro y estimularlo con una descarga eléctrica también. Nunca sentirías la descarga eléctrica pero tendrías visiones en tu cabeza como resultado.

El cerebro, por virtud de su memoria, puede crear su propio holograma interno, y eso no se lleva a cabo en ningún otro lugar más que ahí dentro. No les está sucediendo a tus vecinos. No los están invadiendo las hormigas. Percibes que las hormigas lo están haciendo pero no está sucediendo en realidad. Está sucediendo dentro de tu cabeza.

El cerebro tiene suficiente información almacenada de manera que si se desequilibra químicamente empieza a proyectar una imagen, y eso es lo único que ves. Así es como lo percibes. Otra persona diría, "Pero estás loco. Las hormigas no están invadiendo mi casa."

Y tú dices, "Bueno, pero yo las veo por todas partes."

Pero ellos dicen, "No hay hormigas en ningún lado."

Y tú contestas, "Sí las hay. Las puedo ver."

Esto se debe a que el cerebro está desorganizado. El cerebro es capaz de producir su propia visión interna. Se supone que debe hacerlo. Tiene que poder hacerlo para que lo que se proyecte en el lóbulo frontal logre avanzar al Vacío. Y eso es lo que crea la realidad. Así es como sucede. La necesitas sostener en el lóbulo frontal durante un lapso suficientemente largo. La energía sale de los sellos hacia las bandas, y las bandas crean esa realidad.

No quiero que te confundas. Si éste cerebro tiene la habilidad de propagar hologramas internos, ya sea de la memoria o intencionalmente — una construcción intencional — entonces podríamos decir que es un arquitecto. Ésta es la razón por la que a la parte nueva del cerebro le llamamos la mente consciente. Es el arquitecto de la realidad por lo que requiere tener la habilidad interna para construir una visión.

8. El Déjà Vu, los Sueños Proféticos, y el Arquitecto Divino

"Imagina que si éste cerebro es capaz de construir un templo hecho del pensamiento más excelso, pulido y bruñido, y si esta entidad tiene la habilidad de disparar un pensamiento en ese templo — la chispa de vida que irradia calor y proporciona dirección a aquellos que están perdidos en la noche — entonces estamos hablando de un cerebro que tiene la habilidad, si le damos una consciencia sin restricciones, de construir un pensamiento ilimitado. Puede construir un concepto en el cerebro que trasciende el significado tridimensional porque el cerebro es el arquitecto."

— Ramtha

El tálamo se abre y estimula al cerebro medio, de acuerdo con el cerebro reptiliano y con el guardián. La razón por la que el cerebro reptiliano envuelve y sujeta a la espina dorsal donde tenemos al tallo cerebral se debe a que toda la información que sube de regreso a través de la espina dorsal pasa a través de esta parte del cerebro. Todo se filtra a través de tu rejilla. Y una vez que pasa por ese filtro se le permite pasar y subir. Pasa del cerebro medio al puente y sube a los hemisferios superiores, el derecho y el izquierdo, y al lóbulo frontal.

Si tienes una sensación de que algo está sucediendo pero no sabes qué podría ser, estás recibiendo esa sensación porque los sentidos más elevados — el sexto y el séptimo sentidos — los captas a través de la parte de atrás de tu cerebro. Recuerda que el cerebro es un receptor. Tiene que serlo. Esta parte del cerebro, el cerebelo inferior, es un receptor del universo muy poderoso. La información que llega ahí de las bandas pasa por este mecanismo y luego sube a la cabeza. Tiene que hacerlo porque tiene que pasar por la imagen para ser evaluada antes de poder pasar y subir y convertirse en una visión, en un modelo arquitectónico.

Una sensación de desastre inminente es un mensaje que proviene de tu Dios. Significa que estás acercándote en la espiral del tiempo a algo que ha sido preestablecido por el destino genético o por la mente consciente creando la realidad. Ésta entidad finalmente, en la espiral del tiempo, está a punto de embarcarse en una muerte segura. Lo que sucede mientras se comienza a desenvolver esa secuencia de eventos es que esta persona empieza a tener un mal presentimiento. El presentimiento ominoso llega cuando la información sobre el fin de esa existencia entra desapercibidamente. Pasa a través de la rejilla y ésta ya cuenta con la aplicación del concepto de la muerte y las lesiones. La rejilla ya ha dado cabida a la enfermedad y el sufrimiento y por lo tanto logra pasar y se abre paso hacia el guardián de la puerta. El guardián de la puerta le deja pasar pero sin instrucciones, y por eso es sólo una sensación. Pasa sin instrucciones al hemisferio derecho del cerebro donde se encuentran las emociones y el aspecto intuitivo del cerebro. Tiene que trasladarse ahí primero antes de pasar al hemisferio izquierdo del cerebro para ser analizada intelectualmente.

La impresión se traslada a la parte derecha del cerebro, que responde a ella químicamente. En cuanto termina de hacer eso, la transfiere al lado izquierdo del cerebro y de pronto comienzas a preocuparte. Algo está por suceder, algo no está bien, y lo sientes. "Lo siento. Está aquí. Lo sé." Entonces esta parte de tu cerebro empieza a analizar lo que proviene del lado opuesto del cerebro y comienza a considerar a toda la gente que ha conocido en su vida, todas las situaciones y circunstancias que ha vivido. Empieza a analizar todo ese dolor sutil o malestar que el cuerpo sintió y lo comienza a agudizar. Lo que sucede es que esto empieza a situarse justo en tu lóbulo frontal.

La mente subconsciente le brinda a esta mente una advertencia de que algo está sucediendo, pero si la imagen es fuerte, no permite que reciba todo el impacto de esa visión. La imagen no permite que sea construida visualmente por el arquitecto porque está protegiendo la salud mental, la neurosis de esa personalidad. Recuerda, hasta ahora este ser consciente solamente ha sido una consciencia mente/cuerpo. Esta entidad sólo piensa en la supervivencia, su rostro, su sexualidad, el sábado por la noche, y pasarla bien. No tiene pensamientos espirituales de ninguna especie. Solamente siente que algo anda mal. Y por lo tanto, su imagen, por la misericordia de Dios, no le ha revelado sus últimos días. La mente subconsciente permite que esto suceda, como si fueran las últimas hojas de otoño que están por caer del árbol. El cuerpo se enfrenta con su extinción pero la mente subconsciente continúa viviendo.

¿Qué pasa si una entidad posee una imagen débil y esta información logra pasar? Esta persona ya ha estado trabajando con la mente subconsciente. Ya ha considerado la inmortalidad y contemplado grandes pensamientos. La neocorteza ha estado haciendo cosas maravillosas, cosas pequeñas como el crear un día feliz, crear el perdón, y la virtud. Ésta entidad, de hecho, ha estado haciendo cosas maravillosas consideradas una virtud, como el privarse de su almuerzo y darle la comida a otra persona en su lugar. Ahora empezamos a tener un poco de iluminación.

La información llega y de repente esta entidad tiene un sueño. En el sueño está cabalgando un corcel muy veloz por la colina hacia el claro que le precede. De manera que se acerca y pasa por la colina, el gran corcel brinca sobre el tronco de un árbol. Al dar un salto sobre el árbol caído, su casco choca contra una piedra y el corcel se tropieza al saltar sobre el gran árbol. Al tropezarse, el jinete se cae de cabeza y se rompe el cuello.

Mientras ésta entidad está durmiendo, la imagen está adormecida. El sueño emerge a la superficie y el arquitecto recibe el estímulo del destino venidero, construye la visión interna, y se la enseña exactamente tal y como va a suceder. La entidad se despierta de golpe. Sabe que lo que ha soñado es la verdad. Fue un sueño lúcido, claro, y no desarticulado. El cerebro no intentó editar la información. Simplemente llegó. He aquí a un soñador profético. Dios se ha comunicado con su vestidura: "Me he dirigido a ti. En verdad, he aquí, te he dotado con ojos de profeta. ¿Qué dices de esto, vestidura?" Y tú contestas, "Voy a vender el caballo." Que así sea.

Ésta entidad toma su caballo y lo vende por una modesta suma y no vuelve a montar un caballo de ahí en adelante. Ahora su Dios dice, "Bien hecho. Éste es mi hijo amado en quien estoy muy complacido. Tengo la vestidura más inteligente que existe." Entonces tiene una experiencia y adquiere verdad. De repente ahora el cielo comienza a presenciar cosas distintas que a los actos sensuales y a una vida dedicada a los actos sensuales. De pronto tenemos verdad, y porque la tenemos contamos ahora con una imagen desesperadamente debilitada. Ahora tenemos información que empieza a verterse hacia adentro y hacia arriba.

Las personas que son intuitivas o lo que denominas psíquicas no son tan psíquicas como crees. Todos ustedes tienen la habilidad del saber. Lo que pasa es que la mayoría de ustedes malinterpretan esa información porque dejan que el intelecto la analice. Si se la dejas al intelecto, el cerebro intenta construir el edificio alrededor del concepto en lugar de simplemente sentarse quieto y enfocarse en la nada para permitir que se despliegue libre y directamente en la parte delantera del cerebro. Entre más te enfocas en pensamientos sublimes, más abres la vía hacia la mente subconsciente. Con cada experiencia con la que abres la vía y la llevas al lóbulo frontal, el arquitecto divino construye ese conocimiento y lo coloca en la parte delantera. Ese conocimiento, entonces, pasa por las bandas y se convierte en la realidad de esa entidad.

El individuo dentro de ti, que no conoces, es una entidad muy poco común. Es inusual porque está desligada del mundo sensual. Lo que ocupa su consciencia no son las cosas que ocupan la tuya día tras día. Si esta entidad, el ser consciente, recibe rienda suelta y debilita al editor, la información pasa entonces a través de los senos de Isis, que son las puertas de la consciencia, y logra pasar y subir al cerebro. Imagina que si éste cerebro es capaz de construir un templo hecho del pensamiento más excelso, pulido y bruñido, y si esta entidad tiene la habilidad de disparar un pensamiento en ese templo — la chispa de vida que irradia calor y proporciona dirección a aquellos que están perdidos en la noche — entonces estamos hablando de un cerebro que tiene la habilidad, si le damos una consciencia sin restricciones, de construir un pensamiento ilimitado. Puede construir un concepto en el cerebro que trasciende el significado tridimensional porque el cerebro es el arquitecto. Puede construir un pensamiento pulido en un lado del cerebro e iluminarlo con esa llama en el lado opuesto, y cuando los dos son uno están listos para ser experimentados. Es lo que se proyecta del tercer ojo al Vacío. Y el Espíritu se mueve a través de las aguas del Vacío, y conforme lo hace, el

Vacío renuncia a su nada para convertirse en la encarnación y la vida del Espíritu de acuerdo a cómo lo determinó.

Tu cerebro es un constructor, un artífice de pensamientos magníficos, pero sólo puede construir de acuerdo a la consciencia que ocupa sus salones. Si es un pobre miserable y desdichado el que ocupa su consciencia, va a construir solamente cosas miserables y sólo eso cobrará vida. Si, a su vez, un rey o una reina ocupan la consciencia de tu cerebro, entonces puede construir mansiones nunca antes conocidas por la consciencia humana. Y las puede construir tan inmensas que cuando las construye y las manifiesta, lo que ocurra frente al ser humano requerirá una expresión multidimensional en lugar de una tridimensional. El cerebro es el constructor, y la consciencia el diseñador.

La Entrega a una Mente más Grande dentro de Ti

"La mente subconsciente tiene la habilidad de inundar a tu cerebro con pensamientos de seres fantásticos de antaño, de leyendas, y seres que serán conocidos en tiempos futuros. Tu mente subconsciente sabe quién eres diez mil años en el futuro. Es capaz de producir esa imagen futura con la ayuda del cerebro."

— Ramtha

Gracias a la mente subconsciente no estás separado del todo. Estás encapsulado en el todo. No estás separado de Dios ni de la consciencia más sublime que existe. Estás flotando, boyante, dentro de ella. La mente subconsciente es personal y objetiva al mismo tiempo y tiene acceso a toda mente — toda mente. Es capaz de presentarle toda mente al cerebro y el cerebro puede experimentarla por completo.

Cuando estés listo para postrarte y sacrificarte a ti mismo, lo cual no es el sacrificio del cuerpo sino del enfoque en el cuerpo, entonces el enfoque podrá entregarse a una mente más sublime. ¿Qué darías por tener el conocimiento que tiene una oruga que es capaz de transformarse en una criatura con alas y saber lo que ella sabe? ¿Qué darías por tener el conocimiento de una serpiente que nunca envejece y se despoja de su piel del ayer? ¿Qué darías por tener ese conocimiento? Tu mente subconsciente tiene la mente de la serpiente, la oruga y la mariposa, el búho blanco, el águila. Tiene la mente de la estrella matutina, brillante y destellante, de un riachuelo plateado, veloz y hermoso, y de los peces en su larga travesía.

La razón por la que no conoces cosas extraordinarias es porque no caben dentro de tu agenda social. Y no importa cuánto te esfuerces en hacerlas parte de tu vida social, nunca lo lograrás y se te escaparán. La mente subconsciente tiene la habilidad de inundar a tu cerebro con pensamientos de seres fantásticos de antaño, de leyendas, y seres que serán conocidos en tiempos futuros. Tu mente subconsciente sabe quién eres diez mil años en el futuro. Es capaz de producir esa imagen futura con la ayuda del cerebro. Tu mente subconsciente sabe quién fuiste y quién serás. Tu mente subconsciente se puede lanzar hacia el futuro, atraerlo hacia ella y dárselo a tu cerebro, el arquitecto, para construirlo. Si lo construye, lo puede crear. Tu mente subconsciente es tu Dios, y sus manifestaciones a través de tus bandas y los sellos determinan tu destino.

El cerebro humano, el organismo más grandioso jamás creado, puede abarcar al universo entero y más allá. El cerebro humano no sólo tiene la habilidad de construir modelos que son tridimensionales sino que los puede construir en cuatro dimensiones, en seis dimensiones, y en ocho dimensiones. Si la mente consciente observa algo, no puede descifrar todas sus dimensiones porque la imagen no es capaz de crear una mente dimensional, aunque la arrogancia del intelecto diga que sí lo puede hacer. No es capaz de hacerlo. Solamente al rendirte a una consciencia más grandiosa eres capaz de crear estas cosas.

¿Cómo vamos a lograr atenuar a tu imagen aún más? Has logrado permanecer hasta ahora todos estos años en la Gran Obra en mi escuela, y hay algunos de ustedes que apenas acaban de comenzar. Los primeros años de estudio serán arduos. Es difícil empezar a hacer el trabajo y separarte a la fuerza de tu vida diaria, pero mira de lo que se trata tu vida. Es difícil no tener la atención de todos y motivarte a que te enfoques y que hagas el trabajo, en lugar de estar sentado, comiendo, y quejándote. Es difícil porque tus conceptos de la iluminación se tratan de ponerte cristales y comer alpiste, lo cual está lejísimos de la transmutación interior.

Si tu cerebro tiene la habilidad de construir mansiones en el cielo, y lo único que necesitas hacer es conquistar el arte del enfoque, deberías suplicar hacerlo todos los días. En lugar de ejercitar tu musculatura, ejercita tu enfoque. Es difícil desligarte de tus problemas para venir aquí a hacer el trabajo porque los traes contigo. Eso es lo que haces. Necesito de largos días para despojarte de éstos y que quedes limpio, que seas humilde, y poder llevarte al punto en el que podamos desplazar a tu imagen durante el tiempo suficiente para cambiar tu punto de enfoque hacia algo maravilloso.

Aquellos que triunfan y empiezan a hacer cosas milagrosas, que son capaces de sostener su enfoque hasta el final sin pensar en sus novios y novias, sus cigarrillos, vino, cerveza, comida, o dinero, los que logran hacerlo y lo entregan todo conocerán el reino de los cielos. Ellos le invocarán e implorarán a la mente subconsciente que se abra más y más y la quieren toda.

Aquellos de ustedes que interrumpan el flujo de la corriente, sostengan el enfoque, y hagan cosas milagrosas, poco a poco van a hacer cosas maravillosas. La mente subconsciente continuará abriéndose más y más y el arquitecto pronto diseñará símbolos más grandiosos y hermosos, de mayor profundidad y percepción. Cuando aprendas a enfocarte en ellos van a cobrar vida dentro de tu cerebro. Y si lo hacen, van a cobrar vida aquí afuera en tu realidad también en lugar del cuchicheo entre ambos lados del cerebro tratando de interpretar qué tan arduo y largo ha sido el día de hoy.

Les diré hacia donde nos dirigimos a partir de ahí con aquellos de ustedes que logren esto. Nos vamos a dirigir a todas las especies, las fantásticas y las aburridas. Nos vamos a sentar aquí y haremos enfoque de vela hasta que entres en un estado de trance, y vas a aprender qué significa relajarte en un estado en el cual pierdes toda la sensación de tus sentidos.

Cuando lo hagas, te enseñaré a salir e ir a algún lugar en un pensamiento.

¿Qué es un trance? El trance es una condición de parálisis inducida por uno mismo con el enfoque. Esto sucede cuando el área nueva del cerebro deja de participar y todo se detiene. No hay percepción sensorial, no hay ninguna. Cuando estás en trance te deshaces de la imagen y surge esta información subconsciente consciente y es entonces cuando nos vamos con ella.

La imagen tiene órganos y glándulas reales. El cerebro es un instrumento muy poderoso. Sería ventajoso para ti cambiar tus pensamientos y echar a un lado tu preocupación. En lugar de preocuparte, crea una tarjeta con un símbolo de lo que deseas y enfócate en esa tarjeta. Si te enfocas en ella la llevarás a tu lóbulo frontal, y mientras lo haces, sale a través de las bandas y es creada.

Hay algunas entidades que dicen que tienen su propia verdad, su propia manera de hacerlo. Déjame decirte, si eres capaz de dejar atrás tus ideas preconcebidas que nunca funcionaron anteriormente, al despojarte de ellas y al darte permiso a entregarte, vas a aprender a hacer una travesía mágica. Aquellos de ustedes que son comunes y sencillos llegaran ahí primero en lugar de ser los últimos.

La inmortalidad tiene todo que ver con la manera en que preparas a tu cerebro. Tiene todo que ver con qué tan consciente eres de tu mente consciente. Deja de preocuparte y comienza a crear. La preocupación anula la información subconsciente. La invalida. La ansiedad niega la percepción de aportaciones grandiosas. Al sentarte quieto y sin moverte en la obscuridad con un enfoque absoluto, poniéndolo al frente de tu consciencia con una entrega total, lo resuelve cada vez que lo haces — lo hace todo el tiempo.

Cuando te dije que un maestro se monta sobre la mente de la imagen como si fuera una mula, ahora puedes comprender a qué me refería con eso. Ahora también empiezas a entender por qué cuando el estudiante está listo, aparece el maestro. ¿Por qué debe estar listo el estudiante? El estudiante tiene que ser capaz de ser lo suficientemente humilde para aceptar, aprender, ser obediente, y ser digno de lo que va a aprender. El estudiante necesita renunciar a todas sus ideas preconcebidas y rendirse ante su maestro. Esto significa que la imagen se hizo lo suficientemente débil para permitir la estimulación de la disciplina y el conocimiento y deshacerse, a toda costa, de la desconfianza en sí mismo.

La desconfianza, la duda, ahora comienzas a ver qué tan destructivas son. Dudar de tu Dios es dudar de tu propia salvación. Si desconfías de ti mismo por motivo de tu apariencia, has desperdiciado el regalo más grande que jamás hayas recibido, tu mente consciente, que es el regalo de la vida que proviene del Dios dentro de ti. La duda, la desconfianza en ti mismo, el miedo al fracaso, nunca jamás los entretengas otra vez en caso de que se manifiesten. Date cuenta de que todas las cosas son posibles, y aquello que consideras imposible lo vamos a considerar profundamente.

Contempla esta última enseñanza que te he dado acerca de la mente subconsciente y el cerebro como el arquitecto.

PARTE 3
SOBRE LAS ALAS
DE UN PENSAMIENTO SUBLIME

Brindis Divino para Tener la Valentía de Cambiar

Hagamos un brindis. Siempre reconoce al Señor Dios de tu ser en cada oportunidad que tengas durante el día para que tu Dios se manifieste en la vida.

Oh mi amado Dios,
en esta hora,
te aclamo.
Oh ser misterioso,
preséntate ante mí,
y aquello que aprenda,
te imploro
que lo manifiestes
para que adquiera entendimiento.
Oh mi Dios amado,
dame la valentía,
en verdad las fuerzas,
para cambiar.
Te amo inmensamente.
Que así sea.
Por la vida.

9. El Cerebro Medio — El Transmisor de Pensamientos Que Se Convierten en la Realidad

"Si dependes únicamente del entorno para estimular tu pensamiento y reacción, muy rara vez te moverás al cerebro medio. El cerebro medio es el lugar de la creación. Es el lugar desde el cual podemos acceder fácilmente a los niveles más profundos del subconsciente. Es el lugar que nos protege de nuestros demonios emocionales, un sitio de renovación elevada y sublime."

— Ramtha

Vamos a abordar dos temas que son importantes para ustedes. Ambos están relacionados el uno con el otro, y aunque son términos que pueden expresarse en tu lenguaje, los dos tienen un significado profundo.

La mayoría de ustedes ha escuchado la palabra paciencia, pero ¿cuántos de ustedes entienden lo que significa? Ustedes creen que la palabra paciencia significa sufrir mucho y que tiene que ver con el tiempo. ¿Acaso no es interesante que utilices la palabra paciencia y sin embargo no estés realmente seguro de lo que significa? ¿Qué crees que significa la palabra hipnótico? La paciencia, la habilidad hipnótica, y la mente analógica son lo mismo. A la paciencia se le considera una virtud, pero en realidad explica una dimensión totalmente nueva. La paciencia es un término utilizado para explicar una dimensión que se mantiene a sí misma en un espacio sin tiempo.

Si le damos un vistazo a mi sencillo dibujo del cerebro, ¿qué parte del cerebro es la que mantiene un espacio atemporal? ¿En qué parte del cerebro existe la paciencia? La neocorteza, el cerebro medio, y el cerebelo inferior son todos elementos del cerebro que tienen la capacidad para aquello que se denomina la paciencia. Sin embargo, la paciencia no necesariamente pertenecería a la neocorteza y al hipotálamo, y a su capacidad para cimentar memorias a largo plazo. La memoria a largo plazo es el producto de la memoria que ha sido experimentada. En otras palabras, la neocorteza tiene un juicio, un análisis final acerca de aquello que almacena.

¿Qué memoria, te pregunto a ti, has almacenado en tu cerebro que no acompañe a un juicio? Cuando activamos esa red neuronal de la actitud o de la memoria y la sacamos de la bóveda y la llevamos al lóbulo frontal, ésta lleva consigo una actitud, un juicio, por así decirlo. Llegamos a ese juicio a través del análisis común, al pensar o al contemplar y al asociarle ese patrón de pensamiento particular, una determinación, a esa red neuronal. Posteriormente la almacenamos con ese juicio. Si pusiéramos al frente una memoria y la sostuviéramos ahí, la memoria misma incitaría un aspecto de limitación hacia sí. Eso no es la paciencia. El tener paciencia no tiene nada que ver con la red neuronal y su evaluación final que has catalogado y almacenado.

¿Qué es la paciencia entonces? Es un concepto sostenido en el limbo. Existe un lugar en el cerebro activo capaz de facilitar dicho concepto. Por ejemplo, cuando realizamos un proceso de pensamiento con un dibujo, una visión, una imagen que deseamos experimentar, la sostenemos en el lóbulo frontal y nos enfocamos en ella con gran intención. Lo hacemos así porque de esa manera movemos aquella imagen desde la neocorteza hasta el cerebro medio.

El cerebro medio es el cerebro psíquico. El cerebro medio no piensa, no analiza. No es el aspecto analítico del cerebro. El cerebro medio es el que transmite y el que recibe. Recibe información pura sin juicios, tal y como lo has aprendido en mi disciplina de visión remota y de enviar y recibir. Recibe la información pura y te la presenta. Solamente después de ser presentada es digerida por el análisis de cómo la quieres recibir, sopesar, juzgar, y después almacenarla como una memoria. El cerebro medio no piensa; recibe información pura. En verdad recibe formas de pensamiento puras que llegan a través de las bandas baja y alta de los campos infrarrojos, y también a través de las bandas baja y alta de la luz visible. Cuando llega a nosotros, simplemente aparece. La visión remota y el enviar y recibir nos enseñan que la información que entra a la sección del cerebro medio nos llega desde un flujo de consciencia que está por fuera de la neocorteza y de nuestra personalidad.

El cerebro medio, el cual transmite los pensamientos o los transfiere a través de la red de la consciencia, también está enviando un pensamiento que no tiene juicio. Si tiene un juicio, el juicio existe en la alteración de la imagen que es transmitida. En otras palabras, la imagen que es transmitida desde el cerebro medio ya tendría que haber sido modificada por quien la está enviando. La modificación ocurre en la neocorteza cuando tomamos una imagen y la analizamos. Y te pregunto, ¿con qué la estamos analizando? De hecho la analizamos con nuestras memorias y redes neuronales, a partir de nuestras experiencias o de la suma total de nuestro conocimiento. Una vez que hayamos cincelado y pulido la imagen y la formemos de acuerdo a nuestro propio análisis, si la sostenemos en nuestro enfoque, es esa imagen limitada y tallada la que se transmite. Pero el cerebro medio no transmite un juicio, sólo imágenes que son pulidas a través del juicio.

Cuando creas la realidad y se convierte en una parte efectiva de tus pensamientos cotidianos, aquellos momentos en tu contemplación en los que haces una pausa son los instantes en los que has llegado, por así decirlo, a un resumen final en tu proceso de pensamiento.

Justo en esa pausa es cuando la información es transferida y enviada a través del cerebro medio. La mayoría de ustedes todavía no caen en la cuenta de que deben estar conscientes de sus pensamientos, en verdad de lo que dicen, y de que lo que dicen es un resumen final de un proceso de pensamiento. Nunca haces una pausa con respecto a lo que piensas a menos que hayas llegado a un análisis sobre aquel pensamiento.

A partir de esto, comenzamos a entender que aquello en lo que pensamos, y luego hacemos una pausa en ello, de cualquier manera que terminemos ese proceso de pensamiento será la alteración final que irá al cerebro medio. Es a través del cerebro medio y de sus bandas altas y bajas que se está coagulando y creando la realidad que es tan importante para el entorno personal.

No basta con el simple hecho de sentarte y hacer tu enfoque todos los días. No es suficiente sentarte y hacer tus disciplinas tres veces al día. Necesitas tener una lista que pueda apoyarte y en verdad dirigir tu proceso de pensamiento diariamente. Necesitas tener esa lista para que cuando hagas esa pausa, o tomes aquel descanso, el pensamiento que ha sido creado por la red neuronal sea un pensamiento que se transmita continuamente a la consciencia y de esa manera también a la energía. Es posible que las entidades hagan sus disciplinas, su enfoque, y a su vez las ignoren por completo en su expresión cotidiana. Es similar a ir a la iglesia el domingo y rezar por todos los pecados del sábado por la noche, tan sólo para ser redimido el lunes por la mañana y comenzarlo todo de nuevo.

El Poder Poco Común de un Pensamiento Común

"Nuestro pensamiento común y la manera en que lo pensamos — aunque no estemos conscientes de que lo estamos pensando — es lo que está creando la realidad todo el día."
— Ramtha

El pensamiento común: Cuando no estamos conscientes de nuestro pensamiento común, entonces estamos completamente inconscientes de nuestro enemigo interno. Nuestro pensamiento común y la manera en que lo pensamos — aunque no estemos conscientes de que lo estamos pensando — es lo que está creando la realidad todo el día. A menos que la mente elevada, en verdad, la mente consciente expandida sea tan común como un pensamiento común, tendremos que esforzarnos mucho y por mucho tiempo para crear los milagros que deberían brotar del pensamiento cotidiano.

Un maestro es alguien que se despierta por la mañana y crea el día — crea el día.

¿Qué significa eso? Quiere decir que te obligas a moverte a un estado en el que piensas únicamente en términos ilimitados, expandidos, y elevados. El maestro debe crear el día a través de esa ley, y la segunda cosa que debe hacer es hablar solamente en referencia a esa ley. En otras palabras, no existe pensamiento alguno o palabra que pronuncie durante el día capaz de causarle dificultades, limitación, carencia, prohibición hacia sí mismo o hacia otra persona. Cuando te esfuerzas en crear tu día desde ese punto de vista, el día se despliega a partir de ti mismo de manera que el pensamiento común es capaz de brotar desde esa creación y no de una creación inconsciente. Cuando sólo te esfuerzas arduamente por estar en estado de gracia el domingo, terminas tropezándote desde el lunes hasta el sábado privándote de esa gracia.

El cerebro medio es el cerebro psíquico de la disciplina de enviar y recibir. Es aquí donde encontramos a la mente en continuidad. Lo que aportamos a la banda consciente, a la red consciente de nuestro entorno y a la estructura social es precisamente el hecho de que todo pensamiento que estamos transmitiendo es un pensamiento que vamos a vivir. Se convierte en el patrón de nuestra experiencia personal, y la manera en la que lo experimentemos tendrá un efecto en mucha gente.

Nuestra travesía en la Gran Obra es conquistar ese sentimiento indeleble de carencia que es precisamente lo que nos impulsa a evolucionar. La carencia es el motor que enciende la experiencia hacia la evolución de la mente, la sabiduría en el alma, y la adaptación física para el cambio del entorno que concuerda con la evolución de esa carencia. La carencia de alguna manera se ha confundido con el concepto de la creencia. La creencia es un término que ni siquiera debería existir en la mente de la Gran Obra. La incredulidad no debería existir, ni tampoco la duda. La duda y la carencia no son compatibles. La carencia te impulsa hacia la experiencia, mientras que la duda, la inhibe.

El pensamiento común — y estar consciente de ese pensamiento común que hace una pausa durante el día — es lo que transmite esas imágenes para nuestra adaptación física y hacia el entorno. El tiempo no tiene nada que ver con su manifestación de cambio pero tiene todo que ver con la neocorteza, ya que es a través de ésta que uno traza el mapa, lo disecciona, y planea el futuro. Si nuestro proceso de pensamiento no incluyera al tiempo y fuéramos capaces de entregarle al cerebro medio conceptos que no están relacionados con el tiempo, nos encontraríamos en un estado de imágenes fuera del tiempo. Cuando la imagen se envíe sin basarla en el continuo del flujo del tiempo, tendremos una imagen procesada sin una fecha. Al añadirle el tiempo a un pensamiento creativo, éste lo modifica y lo limita.

La paciencia es una palabra dimensional, y el tiempo es indicativo de la dimensión, excepto que en una dimensión de paciencia no existe el tiempo. La paciencia es un estado de ser que está desprovisto de la expresión del impulso del tiempo.

Ser paciente no solamente significa ser tolerante. Ser paciente es vivir analógicamente con un paradigma construido conscientemente — un pensamiento, un deseo — y ser capaz de sostener ese deseo en una parte específica del cerebro sin ninguna alteración. Cuando hayamos creado lo que deseamos, creado lo que anhelamos, sin importar lo que esto sea, ese deseo debe ser creado sin referencia al tiempo.

Cuando lo hacemos así y nos enfocamos en él, desde ese momento este pensamiento se convierte en suelo sagrado. Esto significa que el pensamiento que sostenemos en enfoque no debe estar ligado a pensamientos comunes de juicio o a cualquier forma de alteración.

Cuando tenemos un pensamiento que trasciende al tiempo, la alteración, y el juicio, nos estamos desplazando desde la neocorteza de vuelta al área del cerebro medio, nuestro poderoso transmisor y receptor. No puedes sostener un pensamiento en su forma perfecta en la neocorteza sin analizarlo. Si lo haces, no lo estás sosteniendo en un estado estático de paciencia. Cuando el pensamiento que deseamos no está ligado al tiempo, a las limitaciones, o a alteraciones, y es exactamente lo que queremos, sin cambiarlo y aprendemos a mirarlo de esa manera, no lo podemos sostener en la neocorteza. Entonces, ¿qué sucede con una forma de pensamiento deliberada que es absolutamente pura, que es simplemente lo que es? Se mueve automáticamente al cerebro medio. Ese es el único lugar que puede ocupar. A ese espacio del cerebro medio se le llama paciencia.

Las disciplinas de visión remota y enviar y recibir nos muestran que en el momento en que el pensamiento es liberado — observado en un estado de enfoque fuera del tiempo — es recibido instantáneamente por ese lugar, esa persona, cosa, tiempo, o suceso al que fue dirigido. Además de esto, hemos tenido casos extraordinarios de enviar y recibir en esta escuela en los que en el momento en el que el estudiante decidió enviar algo, antes de siquiera escribirlo o dibujarlo, el receptor estaba tan enfocado que captó la imagen completa antes de que fuera escrita o dibujada por el emisor.

Lo que deseas aprender con la visión remota y el enviar y recibir es saber que existe un estado mágico, y que de hecho ese estado mágico tiene dos propiedades peculiares: Una es que no piensa, no analiza, y no juzga; y la otra es que si se le sostiene correctamente en un estado de paciencia sostenida, es recibido inmediatamente.

Reflexionemos sobre esto por un momento. Cada vez que te enfocas en tu lista y de hecho cada vez que creas aquello que deseas tener, ¿qué tan a menudo está tan esclarecido tu enfoque que la imagen es clara y su claridad sumamente pura? ¿Qué tan frecuentemente alcanzas un estado de pureza en tu enfoque? Si lo hiciste, sin importar en qué te estabas enfocando — no importa, no hay limitaciones en el reino de los cielos — con claridad y pureza, libre de juicio y análisis, significa que ya no era parte del pensamiento de la neocorteza y que fue enviado inmediatamente y recibido — inmediatamente. No estamos hablando de la recepción de un concepto dentro de seis meses o de un sueño dentro de dos semanas. Me refiero a que Dios es más rápido que el correo Poni Exprés. Lo que te estoy diciendo es que en el momento en el que es puro, en ese mismo momento es recibido y está siendo activado. Se activa cuando es recibido. Tú lo envías, y es recibido en menos de un abrir y cerrar de ojos.

Entonces, ¿qué tiene que ver el tiempo con la manifestación? En realidad, ¿qué tiene que ver el tiempo con eso? La única manera en que el tiempo juega un papel en la anticipación o en el lento proceso de la manifestación es cuando el tiempo mismo ha sido integrado dentro de la imagen. ¿Qué tan sutil es esa integración? Es lo suficientemente sutil para poder decir que cuando te enfocas en aquello que ha sido repetitivo para ti, has percibido el análisis de la duda sobre la marcha. Al mismo tiempo en que te enfocaste en ello, reprodujiste el programa frente a tu lóbulo frontal y consideraste su posibilidad futura, cómo y cuándo sucedería, qué significaría, y cuándo estarías listo para recibirlo. Acarreaste a otros acompañantes junto con él a lo largo del camino. De hecho, todo ese análisis está incluido en el mensaje.

¿Qué tan a menudo te has enfocado en un deseo extraordinario, tan sólo para encontrarte pensando en silencio que tal vez no lo obtendrás o que no eres digno de recibirlo? Cuando sostienes un enfoque como ese y le añades un proceso de pensamiento de respaldo de desmerecimiento o una determinación de tiempo, quiere decir que has analizado y disminuido tu manifestación y que solamente puede suceder bajo esos términos y de ninguna otra forma.

¿Acaso no es algo maravilloso que cuando estabas deprimido y te sentías de lo peor, de pronto tu manifestación sucedió? ¿Acaso Dios esperó hasta que estuvieras revolcándote en el lodo como un cerdo? ¿Es ese el nivel al que tienes que llegar antes de poder manifestar un potencial del reino de los cielos? No. Sin embargo, ¿quién es el que determina que sea de esa manera?

Cuando te estabas enfocando en ese deseo, estabas pensando en ese deseo. En otras palabras, lo estabas filtrando mediante el programa de tu red neuronal que te sugiere que no lo mereces, que no eres lo suficientemente digno para ello, o que no es posible que te suceda. Y, recuerda, algunos de ustedes confunden la palabra carencia con la incredulidad. Lo que sucede es que has establecido un comentario que analiza y critica a ese pensamiento para poder ser recibido inmediatamente o que no suceda porque te sientes indigno de él.

Sugerirte y enseñarte que tú eres el creador de tu realidad por excelencia significa que nada es capaz de escaparse y ser excluido. La fabulosa y maravillosa neocorteza — ese enorme y superdotado fragmento de materia en la parte superior de tu cerebro — está ahí para procesar y hacer posible la realización de la sabiduría. Necesitamos entender que debemos condicionarnos a ser incondicionales. Cualquier cosa en la que nos enfoquemos debería ser incondicional y atemporal, ya que cuando lo hacemos así, la obtenemos inmediatamente.

Así como sucede en las disciplinas de enviar y recibir y de visión remota, las imágenes son instantáneas. ¿Por qué crees que cualquier cosa en la que te has enfocado en obtener no habría de ser instantánea también? Todo esto funciona. Todo es igual, es lo mismo. No hay grados de mayor a menor. Esos grados de mayor a menor sólo existen dentro de tu consciencia y del análisis sobre lo que deseas. En otras palabras, tus sueños llegan bajo las condiciones que tu mismo creaste.

Entiende que entrar en enfoque significa moverte a un lugar sagrado y puro. Cuando vayas a crear algo, deberías estar seguro de crear lo que deseas sin adherirle ninguna estipulación que tenga que ver con la duda, no creer que sea posible, el desmerecimiento, la carencia, y el tiempo. Cuando eres capaz de crearlo exactamente así, lo recibirás instantáneamente.

¿Por qué decimos entonces que debes ser paciente con tu enfoque, con la lista que quieres manifestar? Porque la paciencia no significa que simplemente deberías hacer tu lista con tolerancia. La paciencia significa que una hermosa mañana vas a crear esa imagen sin condiciones y será la mañana más clara de enfoque que jamás hayas tenido. Y en ese momento de claridad te habrás desplazado automáticamente de tu cerebro pensante al cerebro medio. No habrá análisis ni estarás teniendo pensamientos. Solamente existirá ese concepto puro e incondicional que deseas. También te darás cuenta de que la energía que llena tu cuerpo será una energía que te hace sentir elevado y como si estuvieras flotando.

El Estado en el cual los Milagros y la Sanación Suceden Naturalmente

"Un milagro físico instantáneo te sucede cuando el pensamiento ha sido puro, ilimitado, y todos los aspectos de desmerecimiento, autoengaño, ira, y victimismo han sido eliminados. Cuando el pensamiento emerge puro y completo y es sostenido en ese estado es cuando el milagro sucede."

— Ramtha

Existe un estado de saber interior que sucede cuando nos movemos al centro de nuestro cerebro medio. En ese estado, creas un enfoque y lo recibes en ese mismo momento. El resto de tu día será el despliegue de la manifestación de esa mañana — clara, simple, y milagrosamente — y ése es el orden natural del reino de los cielos. Todos los impedimentos que le imponemos a nuestro enfoque son simplemente nuestra manera de pensar en ello. Imponerle a nuestros deseos las inhibiciones, inseguridades, y carencias que soportamos y con las que hemos sido tan condicionados a través de nuestra vida, conducen a la persona a un estado de esclavitud en lugar de a un estado de declaración y realización.

Con respecto a la salud, ¿cuál es la diferencia entre enviarle a tu cuerpo la imagen de salud perfecta y enviarle a tu compañero, en la disciplina de visión remota o de enviar y recibir, un poema perfecto? No existe diferencia alguna. ¿Recibe acaso el cuerpo el mensaje instantáneamente? Claro que lo hace.

¿Qué debemos hacer para corregir esa miserable carga de la enfermedad que hemos creado en nosotros? La enfermedad misma nos indica la naturaleza de nuestra actitud y nuestro pensamiento común. Toda enfermedad se puede explicar a través de la actitud del pensamiento común de una persona. Y ahí está, día tras día, con su malestar y dolor, recordándonos todos los días quiénes somos y cómo pensamos.

¿Cómo podemos ser pacientes con la enfermedad? ¿Qué condiciones le imponemos a la sanación? Piénsalo. Cuando nos dedicamos a sanar nuestro cuerpo, ¿pensamos tanto en ello que somos incapaces de mover el pensamiento puro de un cuerpo perfecto al cerebro medio sin abrumarlo con las trampas del sufrimiento físico y alienar nuestra mente de los demás? Cuando pensamos en nuestras cargas y sufrimiento, ¿somos capaces de llevar ese pensamiento de salud a ese lugar santo que lo envía instantáneamente sin atadura alguna a todas tus penurias? ¿Es acaso tu enfermedad o dolencia una parte tan íntegra de tus pensamientos y de tu mente de tal manera que tu mente no es capaz de postular aquella imagen de claridad pura y total que se le envía al cerebro medio sin ser coloreada, pulida, y alterada? ¿Qué tan difícil es sentarte y contemplar un pensamiento de salud perfecta y radiante y sentir esa energía elevarse, cuando el cuerpo le está diciendo al cerebro que está sufriendo, en agonía, y está lisiado? ¿Cómo logramos conquistar aquello en lo que tenemos que pensar a cada momento?

Todos hemos sido dotados con una voluntad indómita. Aquellos de ustedes que han estudiado la Gran Obra han recibido un regalo y entrenamiento indómito para comprender esa voluntad. Sin embargo no les es claro a todos todavía que cuando te conviertes en un autocreador, tienes que quitarte tus sandalias, en verdad ungir tu cabeza, y trasladarte al santuario en el que permaneces con Dios. No te has dado cuenta de que el enfoque es un lugar santo y la manera en que residas en ese lugar es como serás cuando salgas de ahí. No has entendido aún que el ir a Dios es ser Dios. Si eres Dios en la suma total de tu juicio — inválido, enfermo, lisiado — si eso eres en el nombre de tu Dios, entonces resurgirás de nuevo así de deforme, lleno de angustia y de agonía.

El victimismo no tiene lugar en la recuperación. Es necesario tener una voluntad férrea y en un momento ser más poderoso que tu cerebro que está registrando tu fuerte malestar. Tienes que convertirte en alguien hipnótico e hipnotizarte a ti mismo a un estado de bienestar. Llegar a ese lugar significa que eres capaz de ser nada más lo que deseas ser. Si logras sostener ese estado de trance en un enfoque lo suficientemente largo y tienes la fuerza de voluntad para ser saludable aunque el cuerpo grite de dolor, esa imagen — sin enmendadura, corte, o limitación — se moverá a sí misma al cerebro medio. Instantáneamente, como resultado de esto, la bioenergía que rodea al cuerpo, y nutre a los cárbulos que mantienen unida la estructura del esqueleto de la célula misma, será toda ella de una frecuencia distinta.

La consciencia y la energía son instantáneas. No se desplazan a ninguna parte. Ya están ahí. Cuando te mueves a este lugar sagrado con esa visión completa y pura y eres capaz de sostenerla ahí, el cuerpo está recibiendo el mensaje inmediatamente. Esa es la medicina más grandiosa que jamás podría recibir tu cuerpo. La recibe inmediatamente, ya que el cuerpo le suplica al cerebro que le preste atención, medicina, y alivio de su miseria y malestar. El cuerpo le pide ayuda al cerebro cuando está incapacitado y lisiado.

¿Cómo habrá de suministrarse entonces esta grandiosa medicina? A través de un pensamiento puro, paciente, sin estorbos, que es íntegro. ¿Y cómo habrá que sostenerlo? Mientras lo puedas sostener, se transmitirá por todo el cuerpo y el cuerpo comenzará a mejorar instantáneamente.

¿Qué son las curaciones milagrosas a final de cuentas, aquellas que suceden instantáneamente? Una sanación milagrosa es la recepción — recepción absoluta — de la transcendencia física. Esto significa que el pensamiento es recibido en su contexto puro y el cuerpo es transcendido inmediatamente. Un milagro físico instantáneo te sucede cuando el pensamiento ha sido puro, ilimitado, y todos los aspectos de desmerecimiento, autoengaño, ira, y victimismo han sido eliminados. Cuando el pensamiento emerge puro y completo y es sostenido en ese estado es cuando el milagro sucede.

No hay tiempo de espera para la salud en el reino de Dios. Son ustedes, mi amada gente, los que determinan la condición y manera en que van a recibir su sanación. Pero si llevas la imagen de bienestar a tu cerebro medio mientras sientes el dolor de tu malestar, esa imagen va a traer consigo ese dolor y lo reconfirmará.

¿Cuántos de ustedes se han lastimado el dedo del pie y, cuando pensaron en qué tanto les dolía, les empezó a doler más? ¿Cuántos de ustedes se han lastimado el dedo del pie y han negado el dolor o el sufrimiento intencionalmente? Funciona instantáneamente.

¿Cuáles son las condiciones de tu salud? ¿Cuáles son las condiciones que le impones a tu recuperación física? Quizás la enfermedad te ha servido tan bien que te has acostumbrado a ella y es la red neuronal de tu pensamiento común.

Nadie puede cambiar tu mente. Es tuya, después de todo. Tú eres su creador y quien la administra. Tú eres el legislador de tu realidad y es cierto que cada pensamiento cuenta — cada pensamiento cuenta. Cuando juzgas, eres el juez más duro y cruel de tu realidad que nadie más. Y cuando caigas en el juicio, vas a descubrir que los que te juzgan son tan insensibles y crueles como tú. Solamente pueden ser lo que tú has determinado que ellos sean.

10. La Paciencia y la Habilidad Hipnótica, Estados de Conocimiento Puro

"Entrar en un trance es salir de la emoción a un estado de ser, un estado de claridad pura. No hay emoción en el cerebro medio porque no estas pensando en esa región del cerebro. Y cuando salimos de la emoción a la claridad, entramos en un estado de paciencia."

— Ramtha

Recuerda que cuando hablamos sobre la paciencia estamos usando una metáfora, un nuevo paradigma de entendimiento que aún cuando el pensamiento es dimensional, también es una imagen congelada sin tiempo. Cuando creas tu sueño, tu esperanza, sin importar qué tan grande o pequeño sea, y lo perfeccionas — cada momento en el que sostienes solamente ese pensamiento sin ponerle condiciones — entonces te mueves a un estado de paciencia. La paciencia existe fuera de los tiempos, lugares, personas, cosas, y sucesos, y cuando sostenemos el pensamiento, nunca se debe sostener conforme a ninguno de esos contextos.

¿Cómo lo hacemos? Primero tenemos que decidir qué es lo que realmente deseamos y ver cómo lo hemos reducido. Tal vez éste sea el momento de reconstruirlo. Una vez que sostenemos la imagen, no nos desviamos de ella. Cuando pensamos en ella durante el día con nuestro pensamiento común, no le anexamos un juicio o una expectativa. Sostenemos solamente ese pensamiento.

Durante el día es posible que reflexiones sobre tu sueño varias veces y, al hacerlo, seas capaz de moverte al cerebro medio inmediatamente. ¿Qué tan importante es hacerlo? Cuando te desplazas al cerebro medio estás en un estado hipnótico. ¿Y qué es un estado de hipnosis? Un estado de ser el cerebro medio, completamente el cerebro medio.

En la hipnosis no se piensa; se está recibiendo y enviando. Eso es lo que es. Es un estado agudizado y su energía y campo de fuerza son mucho más espectaculares que el estado de pensamiento de la neocorteza. Cuando te mueves hipnóticamente a ti mismo hacia el pensamiento, ese pensamiento paciente, y si lo has creado correctamente, te vas a encontrar en un estado de trance varias veces durante el día. Entrar en un trance es salir de la emoción a un estado de ser, un estado de claridad pura. No hay emoción en el cerebro medio porque no estas pensando en esa región del cerebro. Y cuando salimos de la emoción a la claridad, entramos en un estado de paciencia.

¿Qué es lo que pasa en un estado de paciencia? El tiempo cesa, y no importa lo extraordinario que sea tu sueño, se le está recibiendo inmediatamente. No importa qué tan atroz sea el estado de tu cuerpo, estás recibiendo salud inmediatamente. Está ocurriendo una transformación a través de una transcendencia mental y física. ¿Sería posible que estés sano mañana mismo? ¿Sería posible que seas una persona elevada, bella, y amorosa incondicionalmente? Ciertamente.

Tú viniste aquí a aprender la Gran Obra. No hay obra mayor que tomar el metal de baja ley de tu humanidad y convertirlo en el oro de Cristo. No hay trabajo más grandioso, pero tienes que trabajar en ello. Tiene que ser una labor en la que la recompensa sea convertirte en el ser elevado que serás y la liberación que sientes todos los días. Donde alguna vez existió la ignorancia, ahora existe el conocimiento, y con base en ese conocimiento uno puede volverse mucho más hábil, ejercitar una sabiduría mayor e ilimitada, y entender que realmente eres el creador de tu realidad. La realidad nos refleja aquello en lo que pensamos normalmente.

El cerebro medio es donde un maestro pasa la mayor parte de su tiempo en el cerebro. El cerebro medio es el lugar donde uno se siente anestesiado de su personalidad, un estado elevado de habilidad hipnótica. Aquellos que cuentan con esta habilidad son capaces de manipular sus cuerpos de la enfermedad hacia la salud radiante. Son aquellos que crean cosas milagrosas en sus vidas frecuentemente. Son los hijos de la evolución. Todo ser que existe — todas las entidades que habitan cuerpos — todos tienen esta habilidad. Sin embargo, la mayor parte del mundo está atrapada en su personalidad, lo que llamamos la neocorteza, el mecanismo de pensamiento que se supone que debe producir grandes frutos de inteligencia y también es el mismo mecanismo con el que la mayoría de la gente está atada a una red neuronal de actitudes que los mantienen dando vueltas en un círculo. Lo que pasa es que la información de su pensamiento común rara vez toma una pausa lo suficientemente larga para hacer una diferencia desde el cerebro medio porque dependen del entorno para estimularlos. Si dependes únicamente del entorno para estimular tu pensamiento y reacción, muy rara vez te moverás al cerebro medio.

El cerebro medio es el lugar de la creación. Es el lugar desde el cual podemos acceder fácilmente a los niveles más profundos del subconsciente. Es el lugar que nos protege de nuestros demonios emocionales, un sitio de renovación elevada y sublime.

Cuando vives para el mundo y como una criatura del mundo, inspirado desde afuera hacia adentro, raras veces encontrarás el lugar santo dentro de ti porque el único mecanismo que necesitas para ser una criatura del entorno exterior son las reacciones preestablecidas que tiene la neocorteza. Esa es la razón por la que aquellos que son ejemplares en su inteligencia, en su comprensión de las modalidades y complejidades del pensamiento y del lenguaje, simplemente están ejercitando estos dones basados en sus reacciones al entorno. No están reactivando el entorno en sí mismo.

Es posible ser una entidad extraordinariamente inteligente con solamente la neocorteza. Sin embargo, las personas extremadamente inteligentes muy rara vez logran llevar a cabo actividades ingeniosas y singulares. Estas actividades sólo ocurren en una persona que reemplaza el entorno con una recreación hecha por sí misma.

Algunas personas que son psíquicas, gracias a su predisposición genética, poseen un tálamo débil que permite que pase información desde el subconsciente y el cerebro medio y entre completamente al lóbulo frontal. Aquellos que han experimentado una lesión grave en la cabeza o en la base de la espina dorsal, frecuentemente tienen un efecto que trastorna al tálamo. Son esas entidades las que justo después del accidente parecen saberlo todo. Son seres psíquicos con el poder de sanación, visión remota, y clarividencia.

La Gran Obra es el entrenamiento para aprender a moverte a este lugar hermoso y singular que es importante para la transformación. Cuando trabajas y te esfuerzas en tu enfoque, ese enfoque te llevará a este lugar donde no estas pensando. Hay una gran diferencia entre estar en el cerebro medio en un formato de frecuencia más potente recibiendo impresiones, percepciones, y una refracción de pensamientos que se te están enviando, y el estar pensando. Existe una gran diferencia entre el pensar y la intuición. La intuición es un saber interior y el pensar es un formato artificial.

Cuando aprendas a permanecer en este lugar, vas a saberlo y lo sabrás sin emoción. Vas a ser capaz de crear sin flaqueza, sin miedo. Es en este lugar donde la Gran Obra tiene su mayor impacto en tu vida.

¿Cómo logramos llegar ahí? Cada disciplina de enfoque que te he enseñado y que practicas te ejercita hacia este lugar si lo haces correctamente. En ese lugar encontramos un templo puro e inadulterado en donde sabemos que el momento en el que el pensamiento es enviado, es recibido, y podemos recibir desde este lugar sin estar predispuestos a nuestra naturaleza.

Para realizar la Gran Obra necesitas tener esta habilidad, y la única manera en que la vas a obtener es a través de la práctica. La única manera para que cada día de tu vida ésta sea milagrosa con regularidad es cuando eres capaz de establecer tu enfoque temprano en la mañana para crear tu día, para sostener tus pensamientos en un reino elevado, y hablar como lo hace un maestro. Un maestro no habla con indecisión, ni pésimamente, negativamente, o con carencia y victimismo, sino que habla como un legislador, incluso en una conversación cotidiana.

Crea tu día en tal forma que si estás finalmente listo para estar sano, entonces ésta sea la mañana en la que estés sano. Sin más demora al pensar en la enfermedad o malestar, o la morbidez de la muerte, te levantas una linda mañana y estás convencido en ser solamente salud perfecta. Cuando lo haces y permites que la imagen se mueva a donde se supone que tiene que estar, entonces ese día es cuando comienza la regeneración. Los milagros instantáneos son aquellos que no disminuimos y que no están contaminados por el tiempo, las limitaciones, y las condiciones.

Cuando aprendemos este arte, de la misma manera en que nuestra experiencia nos lo ha enseñado tan bien, nos daremos cuenta de que cuando enviamos, recibimos. Cuando logremos hacer esto correctamente, dejaremos de condicionarnos y comenzaremos a aceptar más ilimitadamente. Lograremos ver la abundancia de nuestra consciencia manifestada no en seis meses o una sanación en dos años o un mensajero en dos semanas, sino en el mismo momento en el que decidimos que lo es, así será.

Ésta es una enseñanza importante. Tener paciencia quiere decir que sostienes tu sueño con claridad, sin complejidad, y siempre haces referencia a tu sueño en su estado aislado y sin referencias. Si reflexionas acerca de él y lo sostienes significa que lo estás enviando todos los días. Ser paciente significa ser el cerebro medio. Significa saberlo. Ahí es donde encontramos el saber interior. La experiencia de una habilidad hipnótica elevada tiene todo que ver con ser paciente.

Cuando te muevas a ese estado y dejes atrás tu duda, tu miseria y tus limitaciones, entonces vas a lograr hacer cosas poderosas. Deja tus mulas muertas atrás y dedícate a tu Gran Obra, a la transformación de ti mismo, y prepárate para cambiar, prepárate para evolucionar.

11. Una Vida en Búsqueda de un Pensamiento Sublime

"Nadie te ha enseñado verdaderamente a perseguir un pensamiento sublime. Nadie te ha alentado a contemplar más allá de las fronteras de tu trivialidad, de tus hábitos, de tu supervivencia. Nadie te ha impulsado a llegar más allá de esas barreras del programa."

— Ramtha

El cerebro en el cuerpo humano es un órgano misterioso, y es lo más cercano a ser el más etérico que posees. En su mayor parte está compuesto de una substancia líquida. Su tejido es tan fino y líquido que no posee músculos o tendones y está indefenso en su capacidad para mantenerse unificado. Si sacaras al cerebro del cráneo, se derramaría, estaría indefenso, y no sería capaz de sostenerse a sí mismo. Éste órgano, ya que es claramente etéreo, ha excluido ciertas cosas fundamentales que el cuerpo aparentemente posee. No es capaz de sentir nada ni de sentir dolor. Podrías cortar el tejido cerebral y nunca lo sentirías, ya que es un receptor desactivado.

Para que entiendas la naturaleza química del agua, las substancias químicas que parten del agua son grandes conductoras de la energía eléctrica. El cuerpo humano es una maquina eléctrica. Un pensamiento que se manifiesta de la nada envía un eco hasta la parte más baja. Así como el agua siempre busca su nivel, un pensamiento siempre se manifiesta completamente al máximo. Si llevamos un pensamiento a su nivel más bajo se convierte en algo parecido a una carga eléctrica que el cerebro es capaz de captar como un impulso eléctrico. El cerebro capta el impulso e inmediatamente responde con un impulso. Ese impulso eléctrico a menudo crea una reacción química que se replica a través de todo el cuerpo, a través del sistema nervioso central, y cada célula responde a lo que el cerebro está pensando. Así es como transmites mensajes hacia adentro y hacia afuera de tu cuerpo.

Si en realidad vives en el Vacío — si eres una manifestación del Vacío, lo cual significa que aún estás ahí — ¿por qué hasta ahora tu cerebro solamente capta lo que equivale a una ignorancia reciclada? ¿Por qué tu cerebro capta el común denominador de los pensamientos? Tus vecinos y tú piensan igual, o toda la gente de una ciudad hace ciertas cosas en ciertos días, y lo que sucede es un fenómeno ritualista. Vives por tus hábitos porque éstos no requieren que pienses. Los hábitos sólo requieren de una reacción. Ya están programados en tu cerebro. ¿Sabías que estás preprogramado? ¿Por qué, entonces, no recibes pensamientos más grandiosos, más inspiradores? ¿En qué consiste un pensamiento más inspirador? Contempla el significado de un pensamiento grandioso e inspirador.

Quiero que te preguntes a ti mismo por qué no recibes los pensamientos sublimes. Si tu cerebro es un receptor tan sensible a la energía eléctrica, ¿por qué no recibes pensamientos ilimitados? ¿Por qué no llega a ti el pensamiento de un genio? ¿Acaso no te has preguntado eso alguna vez? El cerebro se ha constituido para ser un órgano que responde al estimulo y es el procesador del pensamiento por excelencia, del pensamiento colectivo. Has estado viviendo basado en memorias químicas, lo cual quiere decir que asistes a escuelas primarias, vas a formas de educación superior, pero eso no necesariamente significa que aprendas algo ahí. Lo que haces en esos lugares es mejorar tu capacidad para recordar cosas. Una memoria es química y no presupone que hayas tenido una experiencia. Un intelecto es formidable pero a menos que tenga la experiencia, lo único que posee es una habilidad agudizada para la memoria. Los intelectuales tienen práctica en hacer conexiones con esas formas de memoria para poder exponer ciertas escuelas de pensamiento pero no son maestros de sus pensamientos. Piensan que ya llegaron a la meta porque simplemente han memorizado el conocimiento.

Todos ustedes han estudiado en ciertas escuelas. Has aprendido a leer, las artes, la ciencia y biología. Has aprendido lenguas hasta cierto grado y has crecido con esa definición. Has aprendido a comunicarte de acuerdo a tu especie humana pero eso no significa que seas una especie con experiencia. Dado que esto ha sido la base fundamental de tu vida, de tu aprendizaje, quiere decir que es algo químico. Si es químico, entonces has aprendido a ser una criatura predecible, de habitos. Eres tan predecible que no seria recomendable para ti tener un enemigo porque podría predecir todo lo que vas a hacer. Sabes, no serías capaz de defender el cuartel por mucho tiempo en absoluto. El punto que intento señalarte es que esa consciencia de la imagen es la consciencia de los tres primeros sellos — de la supervivencia y del poder como una expresión del intelecto — por lo que realmente son individuos que están reproduciendo continuamente un programa. Te creíste la idea de que un día crecerías y que tu sueño sería un éxito, y ¿quién determina el criterio del éxito en el que te has de convertir? De hecho aceptaste la idea de que un día envejecerías y morirías. Eso es un programa. Has heredado este programa de tus padres porque ellos también tienen el mismo programa.

Si ese programa está reproduciéndose continuamente en tu cerebro, la imagen de todo lo que pienses no será acerca de un pensamiento grandioso y de hecho no lo ha sido. Ha sido acerca de tus hábitos. Piensas en respuesta a un impulso, y el impulso es el programa que está reproduciéndose continuamente en tu cerebro. Nadie te ha enseñado verdaderamente a experimentar la vida. Nadie te ha enseñado a ser un hombre virtuoso o una mujer virtuosa. ¿Sabes por qué no logras ser caritativo? Porque el ser caritativo es políticamente correcto y no es necesariamente algo virtuoso que puedes hacer. Suena bien y se ve bien en tus tarjetas de felicitación, pero realmente no eres caritativo. Sientes resentimiento cuando alguien te pide ayuda. Por lo tanto, no tienes experiencia y vives fuera del mundo maravilloso de la virtud. Piensas que ya has experimentado estas cosas porque las conoces intelectualmente pero nunca has experimentado verdaderamente la vida siendo una entidad que dio de su alma inequívocamente. Nunca has experimentado ser una entidad virtuosa con gran entendimiento del sufrimiento y miseria de tu vecino, y ya que querías entenderlo le ofreciste una mano amiga. Al darle la mano y ayudarle, tú mismo fuiste favorecido porque se te ofreció una experiencia. Lo hiciste por la experiencia y para entender la ayuda.

Nadie te ha enseñado verdaderamente a perseguir un pensamiento sublime. Nadie te ha alentado a contemplar más allá de las fronteras de tu trivialidad, de tus hábitos, de tu supervivencia. Nadie te ha impulsado a llegar más allá de esas barreras del programa.

Podrías decir, bueno, eso no es del todo cierto. Ha habido personas que me han inspirado a hacer ciertas cosas. ¿Quién? ¿Cuándo? y ¿dónde?

Alegoría del Cerebro Como un Receptor de Televisión

> *"He ahí un misterio justo frente a ti que es una representación maravillosa de tu cerebro. El cerebro tiene una mega producción de cine que está ocurriendo adentro. Produce una película continua, con comerciales y todo."*
>
> *— Ramtha*

Quiero que entiendas algo sobre la televisión que ves. ¿Cómo es que este instrumento recibe la imagen de lo invisible? ¿Cómo lo hace? ¿Cuántos de ustedes entienden cómo funciona esta tecnología? He ahí un misterio justo frente a ti que es una representación maravillosa de tu cerebro. El cerebro tiene una mega producción de cine que está ocurriendo adentro. Produce una película continua, con comerciales y todo. Los comerciales son las interrupciones: "¿Acaso no te quieres sentir bien? ¿No crees que querrías hacer esto porque te haría sentir bien? Y cuando te sientas bien, podemos continuar con la superproducción?"

La televisión es exactamente igual a tu cerebro. Responde a impulsos invisibles de la misma manera en que tu cerebro responde a impulsos que no puedes ver. Cada vez que ves la televisión, eso está programando tu cerebro porque está interpretando los impulsos que recibe y los integra al programa. Recuerda que sólo ves lo que quieres ver, ¿no es así?

¿Cómo es que tu radiotransmisor es capaz de reproducir toda esa música, esas canciones en sus estaciones? ¿De dónde provienen? ¿Las puedes ver en el aire? No las puedes ver, pero de alguna forma entran en esa pequeña caja y te estremecen. Tu cerebro es igual a un radio y a un televisor, y cuando es programado por el radiotransmisor y la televisión, también te está programando a ti.

Esto nos lleva de nuevo a un interesante principio. ¿Cuántos pensamientos has tenido que realmente eran tuyos? Si tu cerebro es un receptor, ¿acaso no es vulnerable a ondas de frecuencia hertziana? Efectivamente, si lo es. Si utilizara el término ignorancia reciclada, se acercaría a la mejor descripción de la clase de pensamientos que tienes todos los días. Esto significa que de la misma manera en que esas amplitudes de onda están programando la televisión y el radiotransmisor, tu cerebro también las está captando. Alguien te tiene sintonizado y te está programando. ¿Crees que esto tiene sentido? ¿Puedes ver qué tan posible es esto? Por el simple hecho de haberlo mencionado, tengo la intención de enviarte un mensajero que tiene que ver con esta enseñanza. Será completamente claro para ti darte cuenta de qué tan fácilmente eres programado a través de las amplitudes de onda invisibles enviadas a ese maravilloso órgano etéreo dentro de la cavidad de tu cabeza.

¿Por qué he de enviarte ese mensajero? Porque ahora estamos adquiriendo un pensamiento sublime. Ahora estamos contemplando cómo, cuándo, y dónde es que produces tu vida como si estuviera en automático. Una entidad, un principiante, me dice, "Maestro, ¿cómo cambio mi vida? Me siento tan fuera de control." No, pero sí estas en control. Estás siendo controlado porque estás respondiendo en lugar de crear. Algunos de ustedes piensan que la consciencia imagen es una entidad malvada. Le llamas demonio, Lucifer, y le echas toda la culpa a él, pero el sueño no puede ser soñado sin esta consciencia imagen. Fue creada y desprendida de Dios. Es el hijo de Dios que es citado en los textos antiguos. Ustedes son los hijos e hijas perfectos del Dios vivo, en otras palabras, tu consciencia proviene de esta entidad divina. Es un pequeño brote de ella, su vestidura, y es esta oscilación polar de la consciencia imagen la que crea el concepto y la ilusión del tiempo. Gracias a esa polaridad tenemos un futuro. No hay futuro en este mismo momento. ¿Dónde está el futuro? ¿En tu agenda? Sabes que vas a estar vivo el próximo año porque tu agenda está llena. Contemplemos por un momento mañana por la mañana. ¿Sabes lo que vas a hacer mañana por la mañana?

Miren lo que acaban de hacer, ustedes entidades de la imagen.

De repente te olvidaste del aquí y el ahora, de esta enseñanza, y estás ahora deliberando acerca de mañana por la mañana. Fue la consciencia imagen la que tuvo la habilidad de percibir y justificar el momento como si fuera mañana, de planearlo e imaginarlo. La consciencia imagen es importante para tu evolución. Esta consciencia es la que inició todo a través de la involución, bajando por siete niveles hasta la materia bruta. Esta consciencia se convirtió elegantemente en la vida, la cual tiene que ser soñada y creada en la existencia momento a momento. Si no tuvieras esta consciencia para alinear el sueño con la firmeza del Ahora, la vida nunca hubiera sucedido. Dentro de ti existe la eternidad, ese lugar de la nada desde donde el Vacío mira dentro de este bello reino. Estamos yendo más allá de la mente subconsciente y nos estamos acercando a la raíz misma y el carácter de tu ser. Se le llama el Ahora. Y el Ahora no es mañana.

En esta consciencia que existe dentro de ti, existen simultáneamente el pasado, el presente, y el futuro. ¿Qué tan cierto es esto? Esta consciencia del Ahora existió antes de que la consciencia imagen tuviera su primer dominio. Mientras que ésta existió desde antes de que la consciencia imagen tuviera su primer dominio, ésta ya contenía el día de hoy — esta misma tarde — la posibilidad de que estuvieras aquí en esta vida, en este marco de tiempo. Este momento era un potencial creado a partir de la nada y existía desde hace más de diez millones de años. No solamente existía en el Vacío todo lo que alguna vez sucedió en el pasado, sino todos los potenciales del futuro también existen ahí simultáneamente, todos los potenciales conocidos por Dios, que son innumerables. El día de hoy es un potencial que ocurrió.

La consciencia imagen no contiene potenciales. Sueña el sueño, el cual solamente cobra vida cuando se alínea con Dios.

Esta es la razón por la que podemos decir elocuentemente que Dios vive dentro de ti y que no necesitas ser controlado por tu genética o tu entorno personal. El hecho de haber escuchado esta enseñanza y también haber contemplado la posibilidad de que tu cerebro esté siendo programado es el comienzo de tu despertar. Ese es un pensamiento prolongado, y el ser capaz de sentarte a reflexionar acerca del misterio de la electrónica, los radiotransmisores — emisores y receptores — y que el cerebro es el receptor más hermoso y sofisticado que jamás haya sido creado. ¿Por qué no ha de recibir mensajes el cerebro? Lo está haciendo todo el tiempo. Tan solo con darse cuenta de eso de una manera alarmante se produce el despertar.

La mente subconsciente sólo conoce el Ahora. Los próximos diez millones y medio de años ya existen dentro de ti. Son opciones y potenciales. Si Dios te dio libre albedrío, Dios le dio libre voluntad a la consciencia imagen. Tuvo que hacerlo. La consciencia imagen tenía que ser capaz de soñar cualquier sueño para manifestar ese sueño para que Dios se conociera a sí mismo. Aquí es donde estás atrancado. No captas pensamientos más grandiosos, pensamientos sutiles, porque no sabías que existían. Estabas esperando a que viniera un Espíritu o un guía y te susurrara al oído. Estabas esperando a que un sueño te asombrara.

Si no sabías que tu cerebro era un receptor, entonces ¿cómo esperas contemplar un pensamiento sublime? El aprendizaje se trata de despertar, de descubrir lo que eres, la clase de potenciales que eres, y lo que sucede a tu alrededor. Mira toda tu vida. Mira lo que cuelgas en tu pared, cada trozo de papel que lees, los programas de televisión que ves, y lo que haces el viernes y sábado por la noche. Observa todas esas cosas y te mostrarán la clase de programa que estas reproduciendo en tu cerebro. Si eres capaz de ser así de objetivo con tu vida, quiere decir que estás despertando. El despertar significa que algo está ocurriendo en ti y esto es lo que llamamos el ser consciente de ti mismo.

¿El estar consciente de ti mismo coincide con la afirmación: "la consciencia y la energía crean la naturaleza de la realidad"? Razonemos esto juntos. Entre más conocimiento tienes, tu realidad es más extensa. Quiero que sepas inmediatamente que se ha hecho un gran esfuerzo para mantenerte caminando por un camino estrecho y recto. Muchos mecanismos se han establecido para asegurarse de que permanezcas dormido. Has sido enormemente influenciado para cerciorarse de que seas un consumidor efectivo en el mercado. Ha habido un esfuerzo organizado para convertirte en nada más que la chusma que responde a un programa.

Si entiendes eso y ves el gran esfuerzo que está dirigido hacia ti, entonces, sin enojarte debes llegar astutamente a esta sabia revelación:

"Debo poseer algo que alguien quiere." Además, "He de ser importante porque puedo ser manipulado. ¿Qué pasaría si ya no pudiera ser manipulado?" La consciencia y energía son los pilares de la creación. Tú eres ese elemento vital. Tú eres el fuego de la energía. Tu cerebro está recibiendo todos los impulsos y estás respondiendo de acuerdo a tu propensión genética, y muy pronto todo el mundo tendrá que pensar de la misma manera, tendrá que tener la misma apariencia, y ser todos iguales, y qué aburrido será entonces.

Alguien tiene que romper el molde y ser grandioso. Una entidad debe ir más allá y contemplar el borde de las fronteras. ¿Cuál es el borde? No me refiero a aquello a lo que ignorantemente le llamas el borde como el destruirte a ti mismo, ver qué tan lejos puedes llegar antes de que pierdas la vida. No estoy hablando de eso. Me refiero a empujarte a contemplar un pensamiento hasta su plano más excelso — un solo pensamiento. Ese pensamiento podría ser acerca del cerebro mismo, o sentarte a conversar con otra entidad y especular sobre el conocimiento de ti mismo y ser capaz de entender cómo has sido manipulado y has permitido que ocurra eso y entender cómo eso creó la realidad. Nos referimos a tu vida.

Hasta ahora ustedes no han sido gente grandiosa, pero espero que algún día lo sean. Gente grandiosa — no es difícil ser una gran persona. Lo único que tienes que hacer es tener un pensamiento sublime y aspirar a vivirlo. Eso te hace distinto, en verdad te hace grandioso. Al aspirar y esforzarte hacia otro plano de pensamiento te mezclas entonces con una consciencia más grandiosa. Contempla eso por un momento.

A través de tu historia han existido grandes hombres y mujeres de renombre. Conoces a algunos de ellos, pero no conoces a la mayoría. Por razones históricas, conoces a algunos por su nombre, como Schrödinger, Einstein, Isaac Newton, Bohm, Shakespeare, Cicerón, Apolonio de Tiana, Yeshua ben José. Estos son nombres superficiales. Existen muchos otros que llegaron más lejos que todos ellos juntos, y puedes notar que no mencioné a ninguna mujer.

Contemplemos esto por un momento. ¿Qué tenían todos ellos en común? ¿Cuál fue la diferencia entre Edison y Tesla? ¿Cuál fue la diferencia entre Edison y Tesla y Morgan? Algunos de ustedes quizás no sepan a quién me refiero. ¿Cuál fue el rasgo común entre todos estos individuos? Escogí estos nombres porque están en el cerebro de mi canal y en algunos de ustedes. Si mencioné nombres que no te son familiares, quiero que entiendas que tampoco son mis contemporáneos. Todos ellos fueron contemplativos. Vivían en otro plano, en particular la entidad llamada Tesla. Esta entidad tenía la habilidad, junto con Francis Bacon, para existir primariamente en un mundo de pensamiento consciente, y en ese lugar postuló todos sus conceptos matemáticos, todas sus teorías y modelos. Hizo que estos conceptos avanzaran estando completamente en un estado de consciencia. Ya eran conceptos funcionales antes de que siquiera fueran modelados en hierro y cobre. Ya existían.

Podrías decir, ¿a qué te refieres con que eran contemplativos? Simplemente por esto: Su preocupación principal era el teatro de su propio pensamiento. Eran capaces de tomar cualquier concepto y trabajarlo dentro de su propia mente hasta que lograran alcanzar un ángulo dimensional para ello.

Si observaras su cerebro, verías que pesa lo mismo que el tuyo. Pero si lo vieras microscópicamente, descubrirías que la diferencia entre su cerebro y el tuyo son las vías sinápticas por donde se transfiere el pensamiento, las autopistas. Existen más en esa masa cerebral que en la tuya porque el cerebro es un potencial latente hasta que se utiliza. Una entidad que se expone continuamente a pensamientos contemplativos, hace que las vías del cerebro se abran a la fuerza. Si nunca contemplas un pensamiento opcional, no has abierto ninguna otra parte de tu cerebro más que el elemento necesario que te permite ser y continuar siendo una criatura de hábito. Continúas siendo una criatura de los productos genéticos de tus padres, una criatura que es un hábito de la televisión, la radio, y todas las otras ondas de interferencia.

Cuando te enseñé que el soplo es la expresión más cercana a la voluntad, sí lo es porque el soplo incorpora la determinación de lo que deseas. Si la voluntad férrea del deseo se volcara hacia adentro hacia un concepto y éste continuara multiplicándose a sí mismo en tu cabeza continuamente, entonces se te consideraría un ser contemplativo. Tu cerebro se activaría, y al hacerlo podrías mover ese pensamiento a varios niveles o dimensiones. Cuando lo haces, se te ocurre una idea ingeniosa, y si sucede, se va a manifestar en la realidad.

Lo que es hermoso y al mismo tiempo peligroso acerca de ti es el hecho de que eres Dios. Si alguna vez despertaras y comenzaras a cuestionarte qué es lo que eres, te convertirías en alguien peligroso en el sentido de que simplemente has llegado a darte cuenta de lo que todo gran pensador históricamente llegó a descubrir. Se dieron cuenta de que no hay nada fuera del alcance de su mente. Lo único que hicieron fue enfocarse en ello. Ahora, ésos son seres grandiosos porque sus colegas los adoran. Tal vez hayan sido criticados en su tiempo pero ahora se les recuerda porque vivieron un pensamiento sublime — y no solamente uno, sino muchos. ¿Es acaso imposible para ti poder hacer lo mismo? No.

Es importante para ti que entiendas que tu desventaja, tu discapacidad mental ha sido perpetuada debido a la carencia de pruebas personales. Tu incapacidad mental — tu inhabilidad para pensar en términos maravillosos — ha permanecido en pie gracias a la sociedad que te rodea. ¿A quién has conocido hasta ahora con quien podrías tener una conversación vigorizante — una conversación vigorizante — que te inspiró y de pronto toda la fatiga y el letargo desaparecieron de tu cuerpo y lo que estabas conversando era más importante que la comida, y de repente algo fantástico te ocurrió? ¿Y por qué te sentiste así? Porque en ese momento acababas de despertar. Te sentiste lleno de vida por un momento. No eras un hábito, un programa. Por un breve momento te sentiste lleno de vida, eras alguien, y ese entusiasmo te produjo gozo.

Cuando hablo acerca de tu resurgimiento y gozo personal, de hecho no estoy hablando de un bobo que anda todo el tiempo riéndose. Me refiero a alguien que está lleno de vida, que cuando lo miras a los ojos, hay fuego en su mirada, y su cara está llena de expresión y sus cejas están levantadas y curvadas. Están recibiendo, contemplando, y su vida se ha convertido en una aventura para ellos y están llenos de energía.

Es obvio cómo se ven los muertos vivientes. No hay fuego en sus ojos, y lo único que buscan es cómo lidiar con el día, ver todos sus programas de televisión, y hacer todo lo que tienen que hacer antes de irse a dormir para levantarse al día siguiente y hacerlo todo de nuevo. No es de extrañar que esperen con ansia ir a La Posada del Poni Pisador el sábado por la noche.

En los próximos días, me escucharás hablar sobre un estado sublime, un estado de éxtasis en el que te sientes como si flotaras — flotando, no como si algo te hiciera despegar del suelo sino que tu consciencia es la que está elevada. Y ese gozo, ese gozo interior es lo que sientes cuando estás en un estado de creación total. Y ese estado de creación, recuerda, no tiene nada que ver con moldear la arcilla con la mano sino contemplar tu creación con una mente de excelencia. El desarrollar nuestro sentido de consciencia es la creación suprema. Un estado sublime es cuando eres capaz de ir a un lugar profundo en tu interior, cuando puedes ahondar en el azul de media noche, en el Vacío, y dejarte caer por siempre en él y tener un pensamiento arrobador ahí y dejar que ese pensamiento te cautive. Eso es lo que significa estar realmente vivo.

Si tienes pensamientos como esos, no experimentas el deterioro. Tu cuerpo se convierte en el siervo del creador máximo que existe dentro de él. Cuando ese creador por excelencia que existe dentro del cuerpo deje de conocer una nueva vida, nuevos pensamientos, nuevas variables de experiencia, es cuando morirá. Está muriendo debido a la falta de expresión, está pereciendo debido a la falta de existencia.

Describir al cerebro con esos términos italianos fantásticos no sirve a nuestro propósito aquí. Si el cerebro es el receptor y el conductor de la consciencia, entonces esta habilidad para soñar un sueño o contemplar un pensamiento prolongado crea el fenómeno llamado mente, que aún así no es algo que se haya originado en la masa cerebral. El cerebro es un mecanismo de engranajes, un mecanismo de transferencia. No es extraño que no te sientas bien la mayor parte del tiempo. ¿Qué razón tienes para sentirte bien? Es verdad, es posible que tengas muchas bendiciones en tu vida: todos tus hijos crecieron y tuvieron hijos pelirrojos, todos tuvieron éxito en sus vidas, hicieron esto y aquello, y deberías estar contento por eso. Fuiste feliz cuando sucedió, pero ¿y ahora? No te pasa nada porque estás reproduciendo un programa.

La misión de mi escuela es despertar algo grandioso en ti — grandioso. ¿Qué tan difícil es lograrlo? Depende de con quién estés hablando. Algunas entidades ya se están dando cuenta de la superficialidad de sus vidas. Les parece que ya lo hicieron todo y están esperando algo más, "algo más". Están listos para ser participantes en algo que acelere su pulso. La grandeza en esta escuela es un concepto extraordinario. Dios nunca existió fuera de ti, sino que de hecho era la fuerza amorosa de la eternidad dentro de ti.

Cuando hablo acerca del cuerpo y me dirijo a él — y bendito sea tu material genético pero de hecho provienes del Vacío — me estoy dirigiendo a la consciencia que mora en ese cuerpo. Eres más grandioso que ese cuerpo. La travesía de mi escuela es despertarte a ese pensamiento grandioso. Cuando hablamos de tu Dios interior, estamos diciendo que tus fronteras son de hecho ilimitadas, lo son, ¿pero quién es el que fija la medida de lo limitado? Tú lo haces. ¿Si tuvieras más conocimiento, acaso cambiaría tu vida? ¿Acaso se expanderían tus fronteras? Si las fronteras se expanden en tu vida, significa que estás empezando a vivir esa expansión, y eso es exactamente lo que producen mis enseñanzas.

Éste es un concepto aterrador para algunas personas, pero aún cuando son infelices, pueden contar con su infelicidad. Es una amiga familiar para ellos. Ser infeliz no es sinónimo de ser grandioso. Un ser grandioso es alguien que contempla el concepto de que Dios está dentro de él.

Aria de un Alma Dedicada al Dios dentro de Ellos

Si Dios está dentro de mi,
abre mi alma,
en verdad ven a mi vida,
déjame experimentar
lo que mi memoria química
intelectualmente me dice que soy.
Déjame experimentarlo.
Quiero saber lo que es la vida.
Quiero saber lo que es el río escarlata
que pulsa por mis venas.
Quiero entender su fin precioso.
Quiero entender que mi corazón

no es el asiento de mi alma
sino que es un órgano precioso
que hace que palpite el rio a través de mi cuerpo.
Quiero saber que cuando el miedo me invade,
empieza a retumbar en mis oídos,
y quiero entender por qué.
Quiero saber lo que es el amor,
porque mi corazón no es el que ama.
Mi corazón palpita,
pero ¿qué vive dentro de mi
que es capaz de arrebatarme de tal manera?
¿Qué es el amor?
¿Cómo lo produzco?
Deseo conocerlo profundamente.
Quiero vivir.
Quiero saber
lo que significa estar vivo.
No quiero perecer
como una simple bolsa llena de químicos
que se irá a los gusanos
o a la mesa del embalsamador funerario.

Dios, déjame tener la habilidad
para abrirme,
para vivir lo que nunca he vivido antes.
Permite que me tropiece,

déjame comer tierra,
y déjame saber a qué sabe.
Dios, nunca permitas que le tenga miedo a nada.
Muéstrame la gloria de la vida,
y cuando lo haya aprendido,
abre mi alma y expándeme aún más.
Quiero saberlo todo sobre el cosmos.
No quiero dejar sin tocar ningún misterio
que no haya investigado.
Haz de mí un alma inquieta.
Que así sea.

El Pentagrama de la Mujer y el Hombre Divinos

Un Hierofante Presionándote más allá de Tus Limitaciones

"Mi escuela está diseñada para llevar esa plegaria a la realización y convertirte en alguien grandioso, alguien memorable."
— Ramtha

Soy un hierofante. Un hierofante es alguien capaz de iniciarte. No solamente te enseñaré sino que también te voy a iniciar. La iniciación se expresa candorosamente en esa plegaria maravillosa: el presionarte más allá de tus limitaciones, dejarte conocer aquello que podrías hacer y que nunca has hecho antes, o incluso que podrías participar en algo tan completamente extraordinario, y el solo hecho de que participaste en ello te llena de entusiasmo y gozo.

Mi escuela está diseñada para llevar esa plegaria a la realización y convertirte en alguien grandioso, alguien memorable. Está diseñada para convertirte en alguien que virtualmente esté vivo en medio de la muerte y permitirte tener la valentía de conocer y amar a tu Dios y ser lo suficientemente humilde para ser capaz de llegar a la máxima frontera y más allá.

Ésta escuela no se trata de todas las cosas que has hecho en tus múltiples vidas pasadas. Ya mataste gente y has sido asesinado. Has sido estafador, bandolero, y gente peligrosa. Has sido imperialista, monárquico, y has sido la pobreza. Has sido todos ellos. Esto no se trata de lo que has vivido o de tus aspectos malos. Yo no te considero malo. Te considero ignorante, sin despertar. La ignorancia se justifica. Mis enseñanzas no se tratan de eso sino de empujarte hacia lo desconocido, mantenerte tocando sus puertas, y ser incansable en esa búsqueda, y mientras tanto el gozo es muy atractivo para ti porque estás vivo por primera vez.

Es necesario que sepas esta enseñanza sobre el cerebro antes de decidirte a continuar con la Gran Obra y esta escuela, porque vas a aprender cosas maravillosas y te voy a presionar y te voy a desafiar. Si posees un lugar débil dentro de ti, lo voy a encontrar. Siempre lo encuentro. Lo voy a encontrar y a manifestar para ti. Estarás consciente de éste, hasta que un día de pronto te des cuenta de que ya no eres débil, nunca más.

Cuando no hay debilidad no dudas de ti mismo. La duda de uno mismo y la fragilidad van de la mano. Mientras seas débil, tienes el potencial de dudar de ti mismo, y eso lo socava todo. Eso te hace retroceder hacia el programa de televisión con comerciales, te arroja hacia atrás a una vida mundana. Dudar de ti mismo existe gracias a tu imagen porque la imagen está sintonizada con el programa.

He aquí algo que deberías saber. Esta pequeña entidad, la consciencia imagen, no proviene de un estado de abundancia sino de un estado de carencia. La razón por la que todos ustedes tienen tantos problemas personales y no son dignos es porque son entidades carentes, fundamentalmente y conscientemente. Tienes que serlo para poder perseguir el sueño del mañana. Si vinieras de la abundancia, no soñarías el sueño y no estarías evolucionando. Todos los seres de carne y hueso están arraigados en la carencia. La necesidad es la madre de la invención. Esto es una verdad en la evolución. Si ya lo tuvieras todo, no estarías soñando ningún sueño del descubrimiento. Esta es la razón por la que hay una carencia fundamental en ti y la razón por la que la imagen está vivita y coleando. Mientras continúes siendo una consciencia imagen, estarás persiguiendo el éxito desde la base fundamental del fracaso, la pérdida, y la negatividad. Ahora que ya lo sabes, te enviaré los mensajeros que tienen que ver con esto también. Que así sea.

Si el cerebro es un órgano etérico así de vital y puede ser programado tan fácilmente, entonces ustedes son gente de gran influencia. Se influencian el uno al otro. Pero no importa lo que piense nadie más; lo importante es solamente lo que tú piensas. Si el cerebro se puede influenciar con tanta facilidad, incluso por frecuencias invisibles en el aire, quizás ahora dejarás de ser tan duro contigo mismo y comprenderás que la razón por la que hiciste muchas cosas en tu vida es porque fuiste influenciado y vivías en un hábito. Pero el día de hoy es el momento de cambiar.

En algunas de las disciplinas que te he enseñado en mi escuela tocamos música muy fuerte. Lo hacemos por una razón específica. Existen ciertos niveles musicales que utilizamos porque hay ciertas bandas de frecuencia que esas notas alcanzan. Las bandas de frecuencia que esas notas alcanzan son iguales a ciertas enseñanzas que te acabo de dar. Si eres capaz de abrir tu cerebro para contemplar un concepto extraordinario, la frecuencia de la música te ayuda a abrirlo aún más. La frecuencia del ritmo ha sido programada no para que programe el hábito sino lo extraordinario.

Existen ciertas frecuencias musicales que rebotan en las paredes, interactúan con el suelo, y llegan a la pared de atrás. Pasan justo a través de ti, y se supone que deben hacerlo. Tienes que sentir los tambores. Se supone que te tienes que sentir ligero, cautivado por una flauta suspendida que flota sobre un mar caudaloso debajo de ella. Se entiende que tienes que sentir todas esas cosas porque todo eso tiene que ver con la energía. Si este cerebro va a abrirse y a responder a la frecuencia, tenemos que permitirle estar en un entorno que le sea familiar — respondiendo a la frecuencia — pero usarlo para expandir un pensamiento, un concepto, en lugar de contraerse por causa de uno.

12. Lesiones Cerebrales y la Diferencia entre la Consciencia y el Pensar

"¿Qué le sucede a tu imagen si tu cerebro se daña y ya no puedes pensar? Las entidades que tienen una lesión en el cerebro aún así pueden pensar y están conscientes, pero no son capaces de metabolizarlo, no pueden manifestar sus pensamientos en la realidad física."

— Ramtha

Cuando tienes una lesión en el cerebro, no puedes pensar correctamente. ¿Qué es pensar? ¿Acaso pensar es la consciencia o el proceso de la consciencia fluyendo a través del cerebro eléctricamente? Pensar es una reacción eléctrica. Es una emoción. Estás reaccionando químicamente a lo que el cerebro ha captado.

Cuando menciono el color amarillo, ¿qué es lo que inmediatamente se te viene a la mente? Cuando digo, sol, ¿qué se te viene a la cabeza y en qué cosa piensas después de eso? Eso es pensar.

Siempre nos lleva de vuelta a la consciencia y energía, por lo que entre más aprendas y a más cosas te expongas, mayor será tu realidad. Si no te expones a un conocimiento mayor, ¿cómo crees que va a cambiar tu vida? Muchos de ustedes son de la escuela de pensamiento en la que el gurú tiene que enseñártelo todo y tú no tienes que hacer nada. Si eso es lo que crees, entonces estás en la clase equivocada y en verdad con el maestro equivocado para ti.

Cuando el cerebro está lesionado, pierdes la habilidad para pensar, a menos que convalezcas como consecuencia de tu voluntad. Si convaleces con tu fuerza de voluntad, el cerebro puede sobrellevar la carga de la región dañada en el transcurso del tiempo, pero la voluntad es esencial para que esto suceda. Si eliminaras el noventa por ciento de tu cerebro — y dejaras dentro de la cavidad el fluido o substancia acuosa de la espina dorsal — aún serías capaz de pensar. Es muy importante que cuides tu cerebro, es muy importante. ¿Qué le sucede a tu imagen si tu cerebro se daña y ya no puedes pensar? Las entidades que tienen una lesión en el cerebro aún así pueden pensar y están conscientes, pero no son capaces de metabolizarlo, no pueden manifestar sus pensamientos en la realidad física. El cuerpo es un instrumento de la consciencia, un instrumento de la mente.

Si el cerebro y la espina dorsal se dañan hasta ese grado, entonces el cuerpo no es capaz de reaccionar, pero eso no significa que la persona esté muerta. ¿Qué tal si ése fuera un maestro con una lesión cerebral? Primero te preguntarías por qué la creó. Quizás la creó precisamente para llegar a ser aún más grandioso que su cuerpo. Probablemente querrías corregirla y tratar de mejorarla. ¿Pero qué tal si a la luz de toda la eternidad, esto es lo que quería que le sucediera porque en este estado llegaría su mejor momento?

¿Qué pasa si un día te ves forzado a enfrentarlo y a darte cuenta de que no eres tu cuerpo? ¿Cómo vamos a lograr que te des cuenta de eso? ¿Será posible que existan personas en el mundo que estén gravemente lisiadas porque quieren estarlo? Muchas veces un impedimento físico hace que la gran mente salga a flote. A veces entre más fea sea la cara y más ordinario sea el cuerpo, la mente es más brillante. A veces el cuerpo se convierte en una distracción en la evolución. ¿Qué hay de aquellos físicos brillantes que están inválidos en una silla de ruedas? No pueden caminar o hacer muchas cosas pero son más listos que tú. Ese cuerpo les proporcionó el entorno para desarrollarse. Si no te quieres morir, es mejor que de una vez empieces a contemplar pensamientos ilimitados, sublimes, y a estar más interesado en la expansión de tu propia consciencia personal en lugar de tu cuerpo.

Si pudieras despertar en esta vida y ser alguien notable y grandioso porque estás viviendo las enseñanzas, llegará la hora en la que tu cuerpo dejará de ser tan importante. Tú crees que me refiero a entidades peludas que huelen mal. Puede ser, ¿pero cómo te imaginas a un maestro en tu mente? Crees que deberíamos actuar como Jesucristo, ¿pero acaso recuerdas cómo actuaba él? ¿Cómo sabes que no gritaba todo lo que decía? ¿Estás seguro de que no gritaba con absoluta rabia? ¿Qué te hace pensar que no le arrojaba los pescados y el pan a la multitud? Él tenía un temperamento fuerte, y todavía lo tiene.

Tienes la idea de que todas estas entidades — por algún desafortunado concepto de la Nueva Era — tienen largos rizos dorados o negros y piel tersa y perfecta, ojos hermosos, son perfectos físicamente, y toda esa basura. Los verdaderos maestros no tienen esa apariencia para nada. Pueden tener la mitad de una oreja despedazada hace seiscientos años o parte de su nariz perforada donde alguien les arrancó el anillo que llevaban ahí. Tal vez tengan la mitad de un brazo, una cicatriz a lo largo de él, sólo la mitad de su lengua, o su ceja izquierda esté desprendida porque recibieron un golpe muy fuerte en la cabeza. ¿Por qué no lo corrigieron? ¿A quién le importa? Estas entidades han vivido mucho tiempo. Eran seres humanos y han vivido la vida. Nunca los reconocerías porque tu ideal es buscar la belleza física, este concepto del occidente que quiere que todo sea bello. Eso es una farsa para la experiencia humana y no es lo ideal. El ideal es interno. No podrías tener una conversación con ellos, sin embargo estos maestros podrían estar justo a tu lado. Tus ideales van a cambiar de manera que crezca tu sabiduría, y tus hermanos en consciencia vendrán a ti conforme desarrolles tu consciencia. Si dedicas todo tu tiempo a reparar tu cuerpo imperfecto, no te servirá de nada a la hora en que lo tengas que dejar atrás para siempre.

Valoro mucho al cerebro porque es el instrumento para la realidad material. Es el instrumento en el que un pensamiento grandioso puede ser sostenido por toda la eternidad en forma física, puede sostenerlo en forma de memoria, pero es un instrumento que te permite crecer a pasos agigantados. Imagina si pudieras permanecer conmigo durante dos semanas y cada día abordáramos un nuevo nivel de conocimiento y te iniciara a través de éste, y después te pusiera a contemplar toda la noche hasta la mañana siguiente. Al día siguiente llegaríamos a otro nivel o a una extensión de ese conocimiento, te iniciaría en éste después del mediodía, y lo contemplarías todo el resto de la tarde. Nunca volverías a ser el mismo. No lo serías. Tu vida nunca sería igual. Serías glorificado y la vida brillaría en tus ojos. Regresarías a casa sucio y oliendo mal y tendrías todo el pelo descuidado, incluso en tus piernas, pero estarías lleno del gozo y de la satisfacción que obtuviste. Nunca volverías a ser el mismo, nunca, porque toda tu vida cambia cuando le damos al cerebro la oportunidad de cobrar una nueva vida, un nuevo régimen, y un nuevo Espíritu.

En mi escuela hay individuos que están inválidos y enfermos. Existen individuos en la escuela que han sobrevivido a sus pronósticos por mucho tiempo y hay también aquellos que no lo han hecho y perecieron. Nunca los vi como enfermos, frágiles, o malos, lo cual es la diferencia entre cómo los ves tú y cómo los veo yo. Yo vi que tenían una oportunidad, quizás una más poderosa que la que tú podrías tener porque ellos tenían una razón más poderosa para enfocarse. Tenían una razón más grande para ser más expresivos con su enfoque y el soplo de poder ya que estaban más cerca de la muerte y mucho más cerca de la imperfección que cualquiera de mis demás estudiantes que no tenían anormalidades físicas visibles. Las entidades con dificultades llegaron a entender aún más las enseñanzas porque tenían la necesidad de hacerlo. En lugar de correr a ellos para sanarlos, era más importante enseñarles a hacerlo ellos mismos. Es por eso que han sobrevivido los pronósticos de sus doctores, haciéndoles pasar vergüenza.

Muchas veces, el daño más grande que le podemos hacer a alguien es hacer las cosas por ellos. Si lo haces, aunque parezca que le estás haciendo la vida más fácil, de hecho podría ser un desastre para ellos. ¿Por qué? Porque estás eliminando la fricción que muchas veces es necesaria para llegar a esa decisión que le permite a alguien finalmente cambiar su vida. Si mantienes a una persona en el limbo de una manera materialista, diciéndole las cosas que quiere escuchar y cerciorándote que no tenga un solo día triste, es posible que le estés haciendo mucho daño. A fin de cuentas, las flores más bellas, las almas más grandiosas, surgen de la dificultad y del sufrimiento humano. Cada uno de los iniciados en todas las escuelas que jamás existieron pasó por tristeza, por grandes grados de fricción, porque la grandeza tenía que surgir de la fricción, y a menudo las iniciaciones eran terribles de soportar. Los tenían que poner a prueba más allá de sus límites. Lo mismo sucede con la discapacidad personal y la enfermedad. Para mí, como tu maestro, no lo veo como una discapacidad sino una habilidad para acercarte más a tu Dios. Yo te enseño, y tú aprendes. Si lo pones en práctica, serás capaz de hacer lo milagroso. Entre más sincero te vuelvas, más rápido lo vas a realizar, y más pronto llegará tu reino.

El reino de los cielos está a un soplo de distancia.

13. Resolviendo la Paradoja — Dios Solamente Sabe lo Que Tú Sabes

"Dios no conoce fronteras,
excepto las que tú conoces."
— Ramtha

He regresado como una consciencia para instruir a mi gente que vivió alguna vez conmigo hace mucho tiempo, en una existencia que de hecho fue muy diferente a la civilización restringida de hoy en día. He regresado a enseñarte el camino de regreso a casa. Hay ciertos principios en mi escuela que podrían parecer inauditos a primera vista. El promulgar que Dios vive dentro de ti en lugar de vivir en una nave espacial es una declaración en sí misma. Elevar la habilidad de un hombre y una mujer común por encima de la oscuridad y el fango de su situación personal es un acto noble en verdad. La escuela requiere de tu participación completa. Es posible que dudes de tu habilidad para abordar mis enseñanzas y a esta escuela por mucho tiempo. Eso sería razonable y lógico en verdad, ya que no puedes posiblemente saber lo que eres capaz de hacer de la misma manera en que no fuiste capaz de entender la contemplación de un pensamiento sublime. Todavía no puedes saber cuál es tu potencial. Al principio éste sólo empieza a desplegarse brevemente.

El principio de mi escuela dice que Dios sólo sabe lo que tú sabes. Examinemos esta declaración porque esto en sí ya suena como una herejía. No tanto tiempo atrás quemaban a la gente en la hoguera por decir que Dios sólo sabe lo que tú sabes. Pero si lo examinamos más de cerca es algo muy astuto, porque mira quién es el que está soñando los sueños, y Dios está manifestándolos en un haz de esplendor mundano — el hábito. Dios sólo sabe lo que tú sabes porque nunca te detienes para saber ninguna otra cosa.

Dios no te va a enseñar lo que no eres capaz de saber. Lo que te incapacita para saberlo es la falta de entendimiento. Dios sólo te puede dar aquello que tienes la capacidad de pedir. Dios nunca te podría presentar un misterio para el cual no posees innatamente la respuesta de antemano.

Mi Dios es diferente al tuyo, pero provenimos de la misma fuente. Aquello que soy es diferente a lo que tú eres, sin embargo somos uno mismo. He crecido en consciencia y evolución, cuando tú apenas vas a comenzar. Solamente puedes retenerla hasta cierto punto porque eso es lo que tu recipiente es capaz de contener. Cuando el recipiente se expanda, vas a contener más, pero Dios no te puede dar lo que no eres capaz de pedir y, por lo tanto, Dios sólo sabe lo que tú sabes.

Si Dios retoma un elemento personal y esa deidad es restringida por su habilidad para comunicarse personalmente — y extraer de eso el deseo personal para vivir — entonces tendremos otras cosas que son sorprendentes e inesperadas. El principio de la escuela dice que Dios no tiene normas, lo cual significa que Dios no conoce fronteras, excepto las que tú conoces. Si tu Dios es un Dios iracundo, un Dios de normas y leyes, y si la ley es importante para ti, entonces tu Dios está restringido por la ley. Si tu Dios está restringido por la ley, entonces tenemos a un Dios de limitación que tú has inventado. Cuando digo que Dios no tiene leyes, lo que estoy diciendo es que no conoce ninguna restricción de expresión. Cuando digo esto, inmediatamente crees que puedes ir y matar a tu vecino y que de alguna forma no mereces recibir castigo por eso. Tienes que enfrentar las leyes de tu tierra. Tienes que considerar la ley del César que debes observar. Estoy hablando más bien acerca de la habilidad de ir más allá de tus limitaciones.

¿Existe el karma?

"El karma solamente existe en este contexto:
lo que piensas, eso eres; y lo que tú eres,
es tu vida."
— Ramtha

Si Dios no tiene leyes, ¿qué pasa con el karma entonces? El karma se ha convertido en un ritual precario que ha perdido su significado y se ha convertido en su propia religión. El karma solamente existe en este contexto: lo que piensas, eso eres; y lo que tú eres, es tu vida. Si piensas pensamientos odiosos, entonces te sucederán cosas odiosas. Si contemplas tener accidentes, eso te sucederá. Si contemplas la maravilla de un amanecer, entonces el misterio de una mañana se hará disponible para ti.

No existe el karma en el sentido de un largo plazo para el alma. El objetivo a largo plazo del alma es regresar a casa. El objetivo principal del ser es redimirse del cuerpo físico y hacer conocido lo desconocido en todas sus formas posibles en este nivel. Entonces te mueves al siguiente nivel, y al siguiente, y al siguiente. Un maestro es un maestro de este nivel y todos los niveles de consciencia que haya sido capaz de reconocer y manifestar completamente. No eres un maestro si no puedes manifestar lo extraordinario en tu vida. Si no eres capaz de hacerlo, entonces no eres un maestro; eres un ser humano.

Los seres humanos confunden este principio de la escuela con los preceptos de la religión, la ley moral, y los códigos de cómo ser civilizados, e intentan reconciliar su confusión con este principio ilimitado. Si asesinas a alguien, definitivamente vas a recibir un castigo por eso. Más allá de esto, el castigo más grande existe en la consciencia. El hecho de quitarle la vida a alguien, aún cuando esa entidad quizás haya creado esa experiencia junto contigo que la contemplaste, no importa, porque de todas formas te convertirás en una victima para ser asesinado tú también.

El pensamiento más grandioso y sublime es para llegar a una solución fuera de lo ordinario, una solución que no se base en leyes morales, sino que sea una decisión que brote desde lo profundo de tu ser y se celebre en sí misma. Se podría determinar en términos de humildad y dulzura. Buscar una solución más elevada y grandiosa es la manera en que un maestro se encarga de las decisiones de su vida, en lugar de la respuesta y la reacción común de una actitud de supervivencia. ¿Sería lo correcto asesinar a alguien? En Dios todas las cosas son perdonables, pero prepárate a recibir de vuelta en tu vida todo aquello que prodigues.

Es importante pensar en esto. Si vas a evolucionar, entonces comencemos a hacerlo el día de hoy desde la base de una consciencia nueva. Antes de que tomes una decisión acerca de todas las opciones a las que comúnmente respondes en una manera habitual, contémplalas — vuélcalas hacia adentro y contémplalas — y míralas hasta que la emoción cese, y enfócate en un entendimiento nuevo. Busca una nueva solución que esté fuera de lo ordinario. Así piensa un maestro.

Si lo haces, benditos serán los días de tu vida porque toda esa contemplación se manifestará justa y noblemente. Dios nunca te castiga — nunca. El castigo sólo lo perciben los que viven en la dualidad, el bien y el mal. Aquellos que veneran al Señor Dios Jehová perciben el castigo y el pecado y nunca pueden liberarse de su propio estatus de mortalidad sin la ayuda de algún redentor. Quiero que sepas esto, esa redención yace dentro de uno mismo, no dentro de alguien más. No puedes evolucionar mediante otra persona. Lo tienes que hacer por ti mismo.

El objetivo de mi trabajo es crear una grandeza de pensamiento y expresión de manera que esta escuela produzca un Cristo. Cristo no significa el hijo de Dios o la hija de Dios sino Dios/hombre, Dios/mujer realizados. Esto significa que el ser humano ha alcanzado un nivel más elevado y una perspectiva más sublime. Pensar no como un humano sino como un Dios es una realización del séptimo nivel. Ser un Dios/hombre y Dios/mujer realizados significa que su enfoque se ha desconectado del drama humano y se ha elevado de manera que todo su mundo se crea desde un panorama más grandioso y sublime.

Cristo era el Dios interior saliendo al exterior. Cristo era el Padre que vive dentro, manifestado en una gloria total, aún más allá de la muerte, de tal forma que su consciencia interior era tan poderosa que era más fuerte que el cuerpo. La iniciación máxima es que muera el cuerpo y tener la capacidad de resucitarlo con un soplo poderoso. Eso es un Cristo vivo. Esa es la verdadera prueba de una consciencia que se ha manifestado a sí misma en los parámetros más ilimitados. Y a la luz de toda la eternidad, vivirá por siempre — no solamente en un momento breve de tiempo para luego ser despojada de su memoria en la luz y no recordar su próximo nacimiento.

Es importante para mi gente tener una avenida nueva de pensamiento. En verdad el propósito de mi escuela es producir lo extraordinario, los sueños de un realismo fantástico y el Absoluto Más Allá, producir maestros vivos que no provengan de cierta casa o linaje real, sino de un pasado.

En esta escuela sólo hay potenciales. Debido a que algunas entidades consideran que esto es muy arduo, van y buscan a otro maestro que diga, "He aquí, no necesitas hacer nada. Solamente sonríe todos los días y Dios vendrá y te llevará a otra dimensión en una nave espacial." Todavía no logro entender por qué algún tonto quisiera hacer eso con este montón de gente tan pagana.

Mis enseñanzas y mi escuela son extraordinarias, maravillosas, llenas de potencial, y tú lo acabas de palpar por un momento. La parte más bella de todo esto es que tienes completo acceso a ella en ti — en ti mismo.

Palabras Finales: Llegar a Ser Verdaderamente el Maestro de Tus Pensamientos

"Si deseas cambiar, necesitas cambiar tu pensamiento e infundir en ti la pasión para contemplarlo larga y profundamente."
— Ramtha

Aquello que has aprendido como filosofía, y posteriormente has experimentado, es ahora tu verdad. Con la verdad eres capaz de comprender más filosofía, abrazar experiencias profundas de manera más abierta y determinada. Esto algún día les permitirá a los estudiantes de la Gran Obra convertirse verdaderamente en maestros de todos sus pensamientos. Son muy cuidadosos con sus pensamientos porque empiezan a darse cuenta de que lo que piensan es, se manifiesta. Si desean crear su vida, dedican largos momentos en contemplación — contemplando una perspectiva, un ideal, un deseo. La razón por la que lo hacen es para cambiar su manera de pensar. Una vez que terminan con su contemplación, viven el resto del día basados en ese modelo de pensamiento. Cuando lo hacen, esto a su vez produce el día siguiente. Experimentan el siguiente día como una parte de su evolución. Han creado su propia modalidad de pensamiento de manera que piensan en el día justo como desean que éste sea.

Estás aprendiendo a convertirte en un maestro, paso a paso. Todos tus pensamientos pronto comenzarán a manifestarse, ya sean buenos o malos. Si no te gusta lo que te está sucediendo en tu vida, quizás deberías examinarte a ti mismo y la manera en que piensas.

La manifestación no es algo difícil de hacer. Lo que es difícil es ponerte a hacerlo. Lo que es arduo es enseñarte que lo más importante en tu vida no es tu apariencia, o ser un hombre o una mujer. Lo más importante en tu vida es crear tu vida no desde la perspectiva de un cuerpo, sino desde la experiencia. La manifestación es sencilla pero es difícil entrenarte para pensar de esa manera y poder decir, "Esto es lo más importante en mi vida, porque sin esto no tengo vida. Sin esto no tengo ninguna calidad de vida. Sin esto estaría fuera de control e invitaría a mi vida victimismo y tormento, miseria, angustia, y sufrimiento. Invitaría a mi vida experiencias que me lastiman y me abruman, y me hacen pensar en eso al día siguiente. Y cuando lo hago, mi día está lleno de las consecuencias de esos pensamientos."

Estoy entrenando al estudiante para que entrene su mente, para desarrollar literalmente una mente a partir de una consciencia nueva, un nuevo entendimiento acerca del cerebro, y proporcionarle el tiempo para lograrlo. Muchos de ustedes podrían decir, "No tengo tiempo durante el día para hacerlo." Entonces levántate más temprano. Si eso significa que no vas a dormir lo suficiente, entonces vete a dormir más temprano. De todas maneras levántate y crea el tiempo necesario para hacerlo porque esa será la diferencia entre hacer que el sol brille en tu día o que llueva sobre tu cabeza.

¿Realmente quieres cambiar? Si deseas cambiar, necesitas cambiar tu pensamiento e infundir en ti la pasión para contemplarlo larga y profundamente.

Invocación de Humildad y Poder de un Iniciado

Oh mi amado Dios,
el que me envió,
te pido con humildad
que elimines mis dudas
y que acrecientes mi conocimiento.
Lléname de paz,
destruye mi miedo,
para que aquello a lo que despierte
se manifieste
y sea para la gloria
de aquello que tú eres.
Comencemos ahora mismo.
Que así sea.
Por la vida.

— *Ramtha*

GLOSARIO SELECTO DE TÉRMINOS Y DISCIPLINAS DE RAMTHA

Para más información sobre las enseñanzas de Ramtha, sus disciplinas y técnicas de enfoque y transformación personal, favor de visitar o escribir a La Escuela de Iluminación de Ramtha, P.O. Box 1210, Yelm, WA 98597, E.U.A., www.ramtha.com. El libro de Ramtha, *Guía del Iniciado para Crear la Realidad* (Sin Límites, 2007), reúne las enseñanzas fundamentales e introductorias de Ramtha y su escuela.

Bandas, las: los dos conjuntos de siete frecuencias cada uno que rodean al cuerpo humano y lo mantienen integrado. Cada una de esas siete capas de frecuencia en cada banda corresponde a los siete sellos de los siete niveles de conciencia en el cuerpo humano. Las bandas son el campo áurico que hace posibles los procesos de la mente binaria y la mente analógica.

Caminata del Vecindario (Neighborhood Walk®): disciplina creada por JZ Knight para elevar la conciencia y energía, modificando intencionalmente nuestra red neuronal y patrones de pensamiento preestablecidos que ya no deseamos tener, reemplazándolos con conexiones nuevas de nuestra elección. Esta técnica se enseña exclusivamente en la Escuela de Iluminación de Ramtha.

Conciencia y Energía (C&E® y Consciousness & Energy®): la marca registrada de la disciplina fundamental que se enseña en la Escuela de Iluminación de Ramtha (RSE), empleada para la manifestación, y para elevar la conciencia y energía. Por medio de esta disciplina, el estudiante aprende a crear un estado mental analógico, abrir los sellos superiores y crear la realidad desde el Vacío. El curso de Conciencia y Energía (C&E®) para principiantes es un curso introductorio en el cual los estudiantes aprenden la disciplinas y conceptos fundamentales de las enseñanzas de Ramtha. La escuela de Ramtha se reserva el derecho de enseñar las disciplinas y técnicas creadas por Ramtha y cuenta con operaciones internacionalmente, a través de eventos y talleres en varias localidades y por internet, bajo la dirección directa de JZ Knight, el canal de Ramtha y su equipo de trabajo. La sede principal de la escuela se encuentra en Yelm, Washington, E.U.A.

Crea Tu Día (Create Your Day®): disciplina creada por Ramtha para elevar la conciencia y energía y crear intencionalmente un plan constructivo de experiencias y eventos para el día, muy temprano por la mañana antes que comiencen las actividades de tu día. Esta técnica se enseña exclusivamente en la Escuela de Iluminación de Ramtha.

Cuerpo Azul (Blue Body®): disciplina de Ramtha. El estudiante eleva su conciencia y energía hasta el nivel de conciencia del cuarto plano y el cuarto sello, la conciencia puente y la banda de frecuencia ultravioleta. Esta disciplina permite acceso al Cuerpo Azul, con el fin de modificar, curar o restaurar el cuerpo físico. Esta técnica se enseña exclusivamente en la Escuela de Iluminación de Ramtha.

Consciencia Mente/Cuerpo: Es la consciencia que pertenece al plano físico, el cuerpo humano y la personalidad.

Dios Desconocido, el: El único Dios de los ancestros de Ramtha, los Lemures. El Dios Desconocido también representa la divinidad olvidada y el origen divino del ser humano.

JZ Knight: mujer estadounidense, es la única persona que Ramtha ha designado como su canal. Ramtha se refiere a JZ Knight como "su hija amada." Ella fue Ramaya, una de los hijos de la Casa del Ram durante la vida de Ramtha.

Libro de la Vida, el: Ramtha le llama al alma el libro de la vida. En él se registran todas las experiencias de la travesía individual de Involución y Evolución, desde Punto Cero, para hacer conocido lo desconocido.

Lista, la: disciplina que enseña Ramtha, en la cual el estudiante escribe una lista de lo que quiere saber y experimentar, y aprende a enfocarse en ella en un estado analógico de conciencia. La Lista es el mapa que una persona usa para diseñar, cambiar y reprogramar su red neuronal. Es una herramienta que ayuda a la persona a producir cambios significativos y duraderos en sí misma y en su realidad. Esta técnica se enseña exclusivamente en la Escuela de Ramtha.

Mandar y Recibir: Disciplina creada por Ramtha para desarrollar la habilidad innata del cerebro para la telepatía y la visión remota, con ambos un blanco específico o con un compañero, dondequiera, con quien sea, y desde cualquier lugar o tiempo, en el pasado, el presente, o inclusive el futuro.

Mente Analógica: La mente del Ahora y un estado de creación fuera del tiempo. Este estado excluye completamente al programa neural del pasado, las emociones, y la personalidad.

Mente Binaria: La mente de la dualidad. Es la mente que se produce cuando se accede al conocimiento de la personalidad humana y el cuerpo físico, sin llegar al conocimiento de nuestra mente subconsciente.

Principio Madre/Padre, el: Es el origen y fuente de toda vida, Dios Padre, Dios Madre, el Vacío. Ramtha describe a Dios creador en términos del Punto Cero y la Consciencia Primaria, que surgieron a su vez del Vacío al contemplarse a sí mismo.

Proceso de Visualización Twilight (Twilight®): proceso empleado cuando se practica la disciplina de la Lista y sus variaciones.

Siete Niveles de Consciencia y Energía: Los siete niveles de consciencia y energía son el modelo de Ramtha con el que describe la realidad, nuestros orígenes y destino. Este modelo se expresa gráficamente con una triada, con el Punto Cero en su ápice y el séptimo nivel en la parte superior. La consciencia y energía están intrinsecamente conectadas y los siete niveles de consciencia corresponden a los siete niveles del espectro electromagnético. También representan niveles de energía, frecuencia, densidad de masa, especio, y tiempo. Los niveles o planos de consciencia y su energía, desde el primero al séptimo, son los siguientes: 1. Subconsciencia y el

Hertziano; 2. Consciencia social y el infrarrojo; 3. Consciencia consciente y la luz visible; 4. Conciencia puente y el azul ultravioleta; 5. Superconsciencia y los rayos X; 6. Hiperconsciencia y los rayos gamma; 7. Ultraconsciencia y el Infinito Desconocido.

Siete Sellos de Consciencia y Energía: Son poderosos centros de energía en el cuerpo humano que corresponden a siete niveles de consciencia. En relación con estos sellos, las bandas mantienen al cuerpo integrado y unido. De los tres primeros sellos o centros de todo ser humano pulsan espirales de energía. Esta energía que sale de los tres primeros sellos se manifiesta como sexualidad, supervivencia y dolor, y poder. Cuando los sellos superiores se abren, se activa un nivel más elevado de consciencia y la mente analógica.

Tanque, el (The Tank®): nombre que se le da al laberinto usado como parte de las disciplinas de la Escuela de Iluminación de Ramtha. Con los ojos vendados, los estudiantes tienen que encontrar la entrada al laberinto y recorrerlo, utilizando el enfoque solamente, sin tocar las paredes, usar los ojos y las manos ni ninguno de los sentidos. El objetivo de esta disciplina es encontrar, privados del sentido de la vista, el centro del laberinto o el lugar designado y representativo del Vacío. Esta técnica se enseña exclusivamente en la Escuela de Iluminación de Ramtha.

Trabajo de Campo (Fieldwork®): una de las disciplinas fundamentales de la Escuela de Ramtha. Los estudiantes aprenden a crear el símbolo de algo que desean experimentar y lo dibujan en una tarjeta blanca de papel. Estas tarjetas se colocan sobre las vallas que cercan un extenso campo, de manera que la cara en blanco es lo único que queda a la vista. Los estudiantes, con los ojos vendados, se enfocan en su símbolo o dibujo y dejan que el cuerpo camine libremente hasta que llega a su tarjeta con sólo su enfoque y conciencia y energía. Esta técnica se enseña exclusivamente en la Escuela de Ramtha.

Vacío, el: una vasta nada, materialmente, sin embargo, todas las cosas, potencialmente.

Trazando el paso de la Antigua
Sabiduría en nuestra Historia

P.O. Box 15232
Tumwater, Washington 98511, U.S.A.
Visit us online:
www.Hun-Nal-Ye.com